Bausteine des Wissens

Hans Jürgen Press

Spiel - das Wissen schafft

Große Ausgabe mit über 200 Experimenten aus Natur und Technik – spielend auszuführen

Otto Maier Verlag Ravensburg

Von Hans Jürgen Press sind im Otto Maier Verlag erschienen:

Ravensburger Kinder- und Jugendsachbücher

Der Natur auf der Spur. Beobachtungen in der Natur.
Beschäftigung mit Tier und Pflanze – über 200 Anregungen.

Ravensburger Taschenbücher

Band 26: Spiel – das Wissen schafft. 100 Experimente
Band 60: Die Abenteuer der »schwarzen hand«. Detektivgeschichten
Band 104: Mein kleiner Freund Jakob. Lustige Bildergeschichten

Ravensburger Spiel- und Spaßbücher

Spiel und Spaß beim Kinderfest
Spiel und Spaß für Rothäute und Bleichgesichter
Was paßt zusammen? Bilderlotto
Spiel und Spaß auf Schatzsuche
Spiel und Spaß mit 1000 Punkten – Im Zoo. Zauberhafte Zeichentricks
Spiel und Spaß mit 1000 Punkten – In der großen Stadt
Spiel und Spaß mit 1000 Punkten – Im Zirkus
Spiel und Spaß mit 1000 Punkten – Auf dem Bauernhof
Spiel und Spaß mit 1000 Punkten – Aus der Wundertüte
Spiel und Spaß mit 1000 Punkten – Auf Safari
Spiel und Spaß mit 1000 Punkten – Für Filzstiftfreunde

»Spiel – das Wissen schafft« wurde als Serie im STERNCHEN, der Kinderbeilage des STERN, erstmals veröffentlicht.

Siebte Auflage

Bearbeitete und wesentlich erweiterte Ausgabe
von Band 26 der »Ravensburger Taschenbücher«

Gesamtausstattung: Hans Jürgen Press
Printed in Italy 1973 by Officine grafiche
Il Resto del Carlino, Bologna
ISBN 3 473 35551 8

Wissenschaft – ein Kinderspiel

Man kann ein rohes Ei aus einem Eierbecher in einen anderen hinüberpusten und einen Knoten in eine Zigarette machen, ohne daß sie dabei zerbricht. Man kann ein U-Boot in einer Flasche tauchen lassen und ein Flügelrad bauen, das vom Sonnenlicht in Bewegung gesetzt wird. Wie das gemacht wird, habe ich aus diesem Buch erfahren. Kinderleicht sind die vielen Experimente auszuführen, die hier beschrieben werden. Und was dabei herauskommt, ist verblüffend – wie die Zauberkunststücke eines Hexenmeisters.

Mit Zauberei haben allerdings die Versuche überhaupt nichts zu tun. Sie funktionieren nach den Gesetzen der Natur, und diese Gesetze lernt man ganz nebenher bei den unterhaltsamen Spielen kennen. Es ist wirklich ein Spiel, das Wissen schafft.

Spielend erfährt man viele Grundtatsachen aus der Physik, der Chemie und der Technik, die man nie wieder vergißt, weil man sie *selbst* erforscht hat.

Unser Leben wird immer mehr von den Ergebnissen der Forschung und der Technik bestimmt. Es gibt kaum noch Berufe, in denen nicht wissenschaftliche oder technische Kenntnisse verlangt werden. Und schon in naher Zukunft wird man noch viel mehr wissen müssen als heute. Deshalb ist es gut, wenn man rechtzeitig beginnt, sich dieses Wissen anzueignen. Jeder kann es spielend tun.

Dr. Thomas von Randow

Alles was du für die Experimente brauchst, findest du im Haushalt

Inhalt

Aus der Astronomie

Bild der Sonne 1

Lege in ein geöffnetes Fenster ein Fernglas, so daß die Sonnenstrahlen genau hindurchfallen. Baue vor einer Augenlinse einen Spiegel so auf, daß er das Bild der Sonne auf die gegenüberliegende Wand des Zimmers wirft. Stelle das Glas ein, bis das Bild scharf ist, und verdunkle das Zimmer.
Es wäre für deine Augen gefährlich, würdest du mit einem Fernglas die Sonne direkt anvisieren! An der Wand kannst du jedoch die leuchtende Scheibe in beachtlicher Größe und voller Schärfe wie im Kino betrachten. Auch vorbeiziehende Wolken und Vögel sind zu erkennen, und wenn das Fernglas gut ist, sogar die Sonnenflecken. Das sind weniger heiße Stellen auf dem glühenden Ball, manche so groß, daß viele Erdkugeln hineinpassen würden. Infolge der Erdumdrehung wandert das Sonnenbild beachtlich schnell an der Wand entlang. Vergiß nicht, das Fernglas von Zeit zu Zeit neu auf die Sonne auszurichten. Mond und Sterne lassen sich auf diese Weise nicht beobachten, da das von ihnen kommende Licht zu schwach ist.

Sonnenuhr 2

Stelle einen Blumentopf, in dessen Bodenloch du einen langen Stab steckst, an einen von morgens bis abends sonnigen Platz. Der Schatten des Stabes wandert entsprechend der Sonnenbewegung am Topfrand entlang. Nach der Uhr zeichnest du jede Stunde den Schattenstand am Topf an. Wenn die Sonne scheint, kannst du die Zeit ablesen.
Infolge der Erddrehung zieht die Sonne scheinbar in einer halbkreisförmigen Bahn über uns hinweg. Morgens und abends treffen ihre Strahlen flach in den Topf, mittags um 12 Uhr ist der Lichteinfall am größten. An der schrägen Wand des Topfes sieht man den Schatten besonders deutlich.

3 Uhr als Kompaß

Halte eine Uhr waagerecht, daß der Stundenzeiger genau auf die Sonne gerichtet ist. Halbierst du das Feld zwischen Stundenzeiger und Ziffer 12 mit einem Streichholz, zeigt das betreffende Hölzchenende genau nach Süden.
In 24 Stunden »wandert« die Sonne infolge der Erddrehung einmal um die Erde herum. Der Stundenzeiger der Uhr dreht sich jedoch zweimal um das Zifferblatt. Daher halbieren wir vormittags die Entfernung vom Stundenzeiger zur Ziffer 12 und nachmittags von Ziffer 12 zum Stundenzeiger. Das Hölzchen zeigt jedesmal nach Süden. Mittags um 12 Uhr weisen Stundenzeiger und Ziffer 12 auf die genau im Süden stehende Sonne.

4 Weltzeituhr

Kopiere oder klebe die unten abgebildete Weltzeit-Scheibe auf Zeichenkarton und schneide sie aus. Nimm Gehäuse und Glas eines Weckers ab, führe den Minutenzeiger durch das Loch der Papierscheibe und klebe an ihrer Rückseite den Stundenzeiger fest. Achte darauf, daß der große Pfeil »Berlin« genau über dem Stundenzeiger liegt. Mit diesem dreht sich die Scheibe, sie darf deshalb nicht klemmen. Die Uhr gibt dir alle Tageszeiten auf der Erde an.
Lies zuerst die mitteleuropäische Zeit (Pfeil Berlin) ab. Wanderst du von Berlin auf dem Außenkreis links herum, findest du die Orte westlich von Berlin. Mit jedem Feld wird es

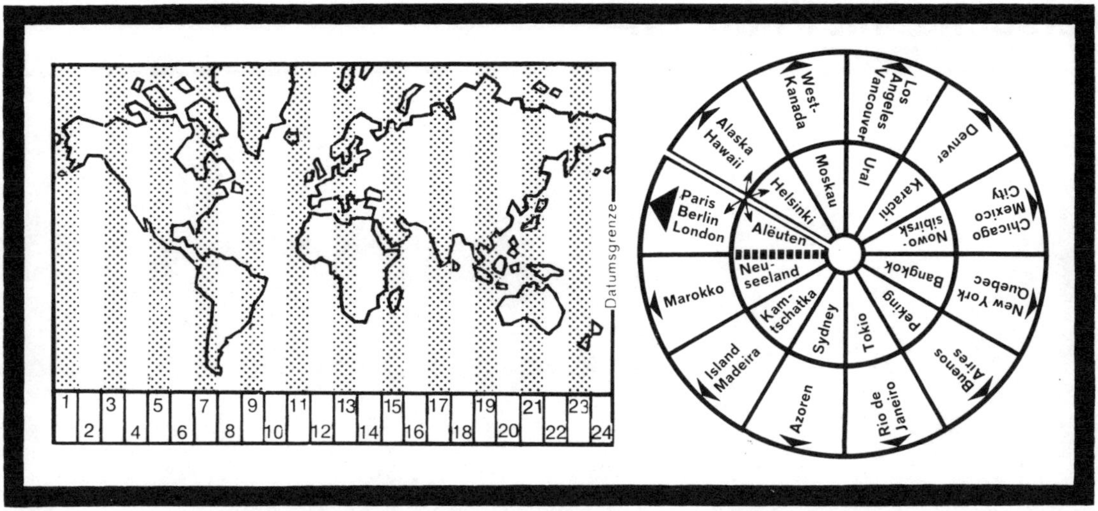

eine Stunde früher. Wanderst du von Berlin in Pfeilrichtung auf dem Innenkreis rechts herum, findest du die Orte östlich von Berlin. Mit jedem Feld wird es eine Stunde später. Zeigt der große Pfeil Berlin bei uns auf 13 Uhr, dann ist es auf Neuseeland bereits 24 Uhr. Die unterbrochene Linie zwischen den Feldern »Aleuten« und »Neuseeland« stellt die Datumsgrenze dar. Ein Beispiel: Auf dem Wecker ist es bei uns 19.02 Uhr. Wie spät ist es in San Francisco? Ein Blick auf die Weltkarte: San Francisco liegt in der Zeitzone von Los Angeles. Auf der Drehscheibe gehst du von Berlin im Außenkreis links herum bis Feld Los Angeles. Uhrzeit: 10.02.

Die Karte zeigt die Erde mit den 24 Zeitzonen. Sie sind hier sehr vereinfacht dargestellt. Da in einigen zusammengehörenden Gebieten eine einheitliche Uhrzeit eingeführt wurde, führen die Grenzen der Zeitzonen manchmal nicht quer durch die Länder, sondern an ihren Grenzen entlang. Die westeuropäischen Länder einschließlich Großbritannien haben sogar alle gemeinsam mit den mitteleuropäischen Ländern die Mitteleuropäische Zeit. Da sich die Erde in 24 Stunden von Westen nach Osten einmal um ihre Achse dreht, wandert die Sonne scheinbar von Osten nach Westen und bestimmt in den Zeitzonen die jeweilige Tageszeit. Auf dieser Karte ist es in Berlin 13 Uhr, in New York erst 7 Uhr morgens. Am rechten Rand (Datumsgrenze) beginnt bereits ein neuer Tag. Markiere jede Zeitzone und das jeweils dazugehörige Feld auf der Drehscheibe mit einer Farbe.

Versuche mit Pflanzen

Irrgarten 5

Pflanze eine angekeimte Kartoffel in einen Topf mit feuchter Erde. Stelle ihn in die Ecke eines Schuhkartons und schneide in die gegenüberliegende Querwand ein Loch. Innen klebst du zwei Zwischenwände ein, so daß jeweils eine schmale Lücke bleibt. Schließe den Karton und stelle ihn ans Fenster. Nach ein paar Tagen hat der Keim den Weg durch den dunklen Irrgarten zum Licht gefunden.
Pflanzen haben lichtempfindliche Zellen, die die Richtung des Wachstums lenken. Selbst der minimale Lichteinfall im Karton bewirkt eine Krümmung des Keimes. Er sieht ganz bleich aus, da er das für sein Gedeihen wichtige Blattgrün im Dunkeln nicht bilden kann.

Sonne bringt Leben 6

Fülle ein größeres Glas mit frischem Wasser und lege einige Triebe von Wasserpest hinein. Stelle das Glas ins Sonnenlicht, sofort steigen kleine Gasbläschen auf. Stülpe einen Trichter über die Pflanzen und darüber ein wassergefülltes Glasröhrchen. Das Gas, das die Pflanze absondert, füllt jetzt langsam das Röhrchen.
Pflanzen brauchen Sonne. Mit ihrer Hilfe bilden sie im Blattgrün aus Wasser und Kohlensäure ihren Aufbaustoff, die Stärke. Sie scheiden dabei Sauerstoff aus. Im Glasröhrchen hat sich tatsächlich Sauerstoff gesammelt. Nimmst du es ab und hältst einen glimmenden Holzspan hinein, so flammt er hell auf; Sauerstoff ist für jede Verbrennung nötig.

7 Automatische Bewässerung

Fülle eine Flasche mit Wasser und stecke sie kopfüber zur Hälfte in die Erde des Blumenkastens. In der Flasche steigt von Zeit zu Zeit eine Luftblase hoch, ein Zeichen, daß die Pflanzen das Wasser verbrauchen. Der Wasserspeicher reicht je nach Pflanzenanzahl und Wetter für mehrere Tage.
Aus der Flasche läuft nur so lange Wasser, bis die Erde ringsherum durchnäßt ist. Der Wasserablauf setzt erst wieder ein, wenn die Pflanzen dem Boden so viel Feuchtigkeit entzogen haben, daß durch die trockene Erde Luft in die Flasche gelangen kann. Man sieht, Pflanzen können in lockerem Boden Wasser leichter aufnehmen als in hartem.

8 Geheimgänge

Löse einen Teelöffel Salz in einem Glas mit Wasser und binde es fest mit Pergamentpapier zu. Stelle das Glas kopfüber in einen Teller mit Wasser, das du mit Ostereierfarbe kräftig gefärbt hast. Obwohl das Pergamentpapier keine sichtbaren Öffnungen hat, ist das Wasser im Glas bald ebenfalls gefärbt.
Durch unsichtbare Poren der Trennwand gelangen die winzigen Teilchen des Wassers und des Farbstoffes hindurch. Man nennt einen solchen Austausch von Flüssigkeiten durch eine durchlässige Trennwand Osmose. Alle lebenden Zellen sind von einer solchen Trennwand umgeben und nehmen Wasser und gelöste Stoffe auf diese Weise auf.

Künstliche Wurzel 9

Schneide von einer leeren Tintenpatrone den Boden ab und spanne mit Gummi ein Stück Cellophan (nicht Kunststoff-Folie) über die Öffnung. Fülle die Patrone mit konzentriertem Zuckerwasser, stecke einen Plastikhalm oben hinein und stelle sie in ein Glas mit Wasser. Langsam steigt das Zuckerwasser im Halm.
Die Wasserteilchen durchdringen das Cellophan, während die größeren Zuckerteilchen nicht hindurch können. Die Zuckerlösung wird verdünnt, und der entstehende Druck läßt sie im Röhrchen steigen. Durch den gleichen osmotischen Vorgang dringt das Wasser des Bodens in die Zellen der pflanzlichen Wurzeln ein und steigt in die Saftbahnen empor.

Gespensterlärm 10

Fülle ein Weinglas gehäuft mit getrockneten Erbsen, gieße bis zum Rand Wasser hinzu und stelle das Glas auf einen Blechdeckel. Der Erbsenberg wird langsam höher, und dann beginnt ein stundenlanges Geklapper von herabfallenden Erbsen.
Es ist wieder ein osmotischer Vorgang: Durch die Schalen dringt Wasser in die Zellen der Erbsen und löst ihre Nährstoffe. Der dabei entstehende Druck läßt die Erbsen dick aufquellen. Auf die gleiche Art dringt das zum Leben notwendige Wasser durch die Wände aller pflanzlichen Zellen und strafft sie. Bekommt die Pflanze kein Wasser mehr, so werden ihre Zellen schlaff; sie welkt.

11 Regen im Glas

Stelle einen grünen Zweig in einem Glas mit Wasser ins Sonnenlicht. Gieße auf die Wasseroberfläche eine Schicht Öl und stülpe über das Ganze ein großes Einmachglas. Nach kurzer Zeit haben sich an dessen Wand Wassertröpfchen gesammelt.
Da das Öl undurchlässig ist, muß das Wasser aus den Blättern kommen. Tatsächlich wird das Wasser, das die Pflanze aufnimmt, durch winzige Poren der Blattoberhaut in die Luft ausgeschieden. Wie feiner Regen setzen sich die Tröpfchen der mit Feuchtigkeit gesättigten und von der Sonne erwärmten Luft am kühlen Glas ab.

12 Zickzack-Wuchs

Lege vorgekeimte Samen auf ein Löschblatt zwischen zwei Glasscheiben, ziehe Gummiringe über die Scheiben und stelle sie in ein Wassergefäß ans Fenster. Drehe die Glasscheiben mit den Keimen alle zwei Tage auf eine andere Kante. Die Wurzeln wachsen immer wieder nach unten, und der Stengel wendet sich jedesmal nach oben.
Pflanzen haben sinnesartige Anlagen. Ihre Wurzeln streben immer dem Erdmittelpunkt zu, die Sprosse in entgegengesetzer Richtung. An einem Berghang wachsen die Wurzeln der Bäume nicht senkrecht zur Oberfläche ins Erdreich, sondern in Richtung Erdmitte.

Blattgerüst 13

Lege auf Löschpapier das Blatt eines Baumes. Mit einer Kleiderbürste klopfst du vorsichtig darauf, ohne die Bürste stark anzudrücken oder seitlich zu bewegen. Das Blatt wird durchlöchert, bis nur noch das Blattgerüst mit dem feinen Netzwerk der Blattrippen und Adern übrigbleibt.
Das saftige Zellgewebe wird von den Borsten herausgetrieben und vom Löschblatt aufgesaugt. Die Rippen und Adern aber, die dem Blatt Halt geben und seinen Zellen Wasser zuleiten, widerstehen der Bürste; denn sie bestehen aus einem festeren und leicht verholzten Gewebe.

Zweifarbige Blüte 14

Verdünne rote und grüne Füllhaltertinte (nicht Ausziehtusche) mit etwas Wasser und fülle damit je ein Glasröhrchen. Stelle die Röhrchen in ein Trinkglas. Spalte den Stengel einer Blume mit weißer Blüte, z. B. einer Dahlie, Rose oder Nelke, und stecke je ein Ende in ein Röhrchen. Bald färben sich die feinen Stränge der Pflanze, bis nach einigen Stunden die Blüte zur Hälfte rot und zur Hälfte grün ist.
Die Farbflüssigkeit steigt durch die haarfeinen Kanäle, in denen sonst das Wasser und die Nährstoffe befördert werden. In den Blütenblättern lagern sich die Farbstoffe ab, während der größte Teil des Wassers wieder ausgeschieden wird.

Chemie im Haushalt

Farben-Zauberei 15

Schneide ein Rotkohlblatt in feine Schnipsel und überbrühe sie in einer Tasse mit kochendem Wasser. Gieße nach einer halben Stunde das violett gefärbte Kohlwasser in ein Glas ab. Damit kannst du nun eine tolle Farbenzauberei vorführen! Auf den Tisch stellst du drei Gläser, die alle scheinbar reines Wasser enthalten. In Wirklichkeit befindet sich nur im ersten Glas Wasser, im zweiten ist weißer Essig und im dritten Wasser mit etwas Natron vermischt. Gießt du nun ein wenig vom Kohlwasser in jedes Glas, bleibt die erste Flüssigkeit violett gefärbt, die zweite aber wird rot und die dritte grün.
Der violette Farbstoff des Kohls hat die Eigenschaft, sich in sauren Flüssigkeiten rot zu verfärben, während er in alkalischen grün wird. Im neutralen Wasser verfärbt er sich nicht. Mit ähnlichen Erkennungsfarbstoffen (Indikatoren) bestimmt man in der Chemie, ob eine Flüssigkeit sauer oder alkalisch ist.

16 Violett wird rot

Wenn du mal im Walde einen Ameisenhaufen antriffst, kannst du an Ort und Stelle einen kleinen chemischen Versuch ausführen. Halte eine violette Blüte, z. B. die einer Glockenblume, dicht über die Ameisen. Die Insekten fühlen sich bedroht und sprühen eine scharf riechende Flüssigkeit auf die Blüte. Getroffene Stellen färben sich rot.

Die Ameisen bilden in ihrem Hinterleib eine ätzende Flüssigkeit als Abwehrmittel. Du spürst sie, wenn dich eine Ameise zwickt, was übrigens ganz ungefährlich ist. Da die Blüte sich dort, wo die Tröpfchen auftreffen, rot verfärbt, weiß man, daß es sich um eine Säure handelt, nämlich die Ameisensäure.

17 Geheimtinte

Wenn du einmal eine geheime Botschaft zu Papier bringen willst, nimm einfach Essig, Zitronen- oder Zwiebelsaft als Geheimtinte. Schreibe damit wie gewöhnlich auf weißes Schreibpapier. Nach dem Trocknen ist die Schrift unsichtbar. Der Empfänger des Briefes muß wissen, daß er das Papier über eine Kerzenflamme zu halten hat: Die Schrift färbt sich braun und ist klar lesbar.

Essig, Zitronen- oder Zwiebelsaft bewirken eine chemische Veränderung des Papiers zu einem Stoff, der dem Cellophan ähnlich ist. Da seine Entzündungstemperatur aber niedriger liegt als die des Papiers, versengen die beschriebenen Stellen.

Gebleichte Rose 18

Ein Stückchen Schwefel, das man zum Ausschwefeln von Einmachgläsern verwendet, wird in einem Marmeladenglas angezündet. Da ein beißender Qualm entsteht, sollst du den Versuch draußen ausführen. In das Glas hältst du eine rote Rose. Zusehends wird die Farbe der Blüte heller, bis sie sich in Weiß verwandelt.
Bei der Verbrennung des Schwefels entweicht Schwefeldioxid. Neben seiner keimtötenden Wirkung beim Sterilisieren bleicht das Gas. Die Farbstoffe der Blüte werden von ihm zerstört. Da Schwefeldioxid auch das Blattgrün der Pflanzen angreift, erklärt sich ihr schlechtes Gedeihen in Industriegebieten, wo das Gas mit die Luft verunreinigt.

Abziehbilder 19

Fotos und Zeichnungen aus Zeitungen lassen sich leicht abkopieren. Mische 2 Löffel Wasser, 1 Löffel Terpentin und 1 Löffel Spülmittel und tupfe diese Flüssigkeit mit einem Schwamm auf das Zeitungsblatt. Darüber legst du Schreibpapier. Reibt man nun darauf kräftig mit einem Löffel, überträgt sich das Bild klar auf das Papier.
Terpentin und Spülmittel vermischt bilden eine Emulsion, die zwischen die Farb- und Ölteilchen der eingetrockneten Druckfarbe dringt und sie wieder flüssig macht. Allerdings läßt sich nur die Druckfarbe von Zeitungen auflösen. Die glänzenden Bilder der Illustrierten hingegen enthalten zuviel Lack, der nur schwer löslich ist.

20 Zucker-Feuer

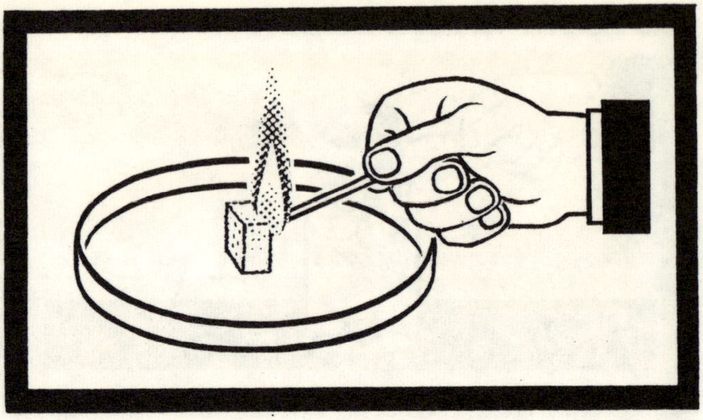

Lege ein Stück Würfelzucker auf einen Blechdeckel und versuche es anzuzünden. Es gelingt dir nicht. Betupfst du jedoch eine Ecke des Würfels mit einer Spur von Zigarettenasche und bringst ein brennendes Streichholz an diese Stelle, beginnt der Zucker bei blauer Flamme zu brennen, bis er ganz verschmort.
Zigarettenasche und Zucker getrennt kann man nicht anzünden. Dennoch hat die Asche den Verbrennungsprozeß des Zuckers ausgelöst. Man nennt einen Stoff, der eine chemische Reaktion bewirkt, ohne daß er selbst dabei umgewandelt wird, einen Katalysator.

21 Stichflamme

Stecke eine Kerze an, lasse sie eine Weile brennen und puste sie wieder aus. Vom Docht steigt ein weißer Rauch empor. Hältst du ein brennendes Streichholz in die Wolke, schießt eine Stichflamme zum Docht herab und entzündet ihn wieder.
Nach dem Auspusten der Flamme ist das Stearin noch so erhitzt, daß es sich weiterhin in Form von Dampf verflüchtigt. Dieser aber ist brennbar und wird von einer offenen Flamme sofort wieder entzündet. Der Versuch zeigt, daß feste Stoffe an ihrer Oberfläche erst gasförmig werden, bevor sie unter Zufuhr von Sauerstoff verbrennen.

Gasleitung 22

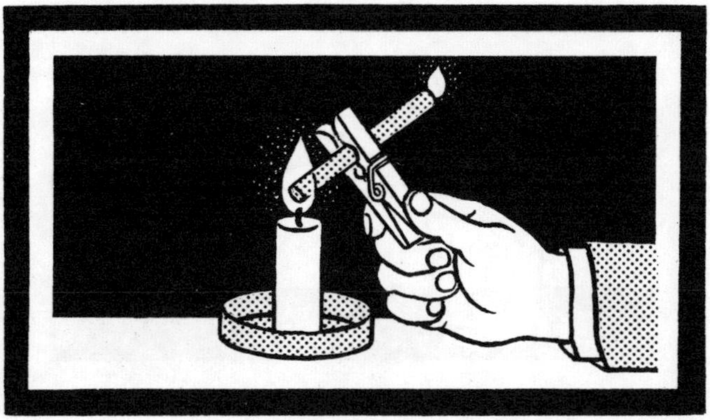

Rolle aus dünnem Blech über einem Bleistift ein etwa 10 cm langes Röhrchen und halte es mit einem Ende in die Mitte einer Kerzenflamme. Bringst du ein brennendes Streichholz an das andere Röhrchenende, entzündet sich dort eine zweite Flamme.
Wie alle festen und flüssigen Brennstoffe entwickelt das Stearin beim Erhitzen brennbare Gase, die sich im Inneren der Flamme sammeln. Sie verbrennen zusammen mit dem Sauerstoff der Luft in der Außenschicht und Spitze der Flamme. Die unverbrannten Stearindämpfe aus der Mitte lassen sich – ähnlich wie das Leuchtgas aus dem Gaswerk – ableiten.

Gaswaage 23

Befestige zwei Plastikbeutel an den Enden einer etwa 50 cm langen Holzleiste und lasse sie wie eine Waage auf einem Reißstift pendeln. Übergieße in einem Glas einen Teelöffel doppeltkohlensaures Natron mit etwas Essig. Es beginnt zu schäumen, da ein Gas entweicht. Neigst du dann das Glas über einen Beutel, senkt sich die Waage.
Das Gas, das bei der chemischen Umwandlung entweicht, ist Kohlendioxid. Es ist schwerer als Luft, läßt sich daher in den Beutel schütten und wiegen. Würdest du mit dem Gas einen Luftballon füllen, könnte er niemals steigen. Für diesen Zweck verwendet man deshalb andere Gase, die leichter als Luft sind.

24 Feuerlöscher

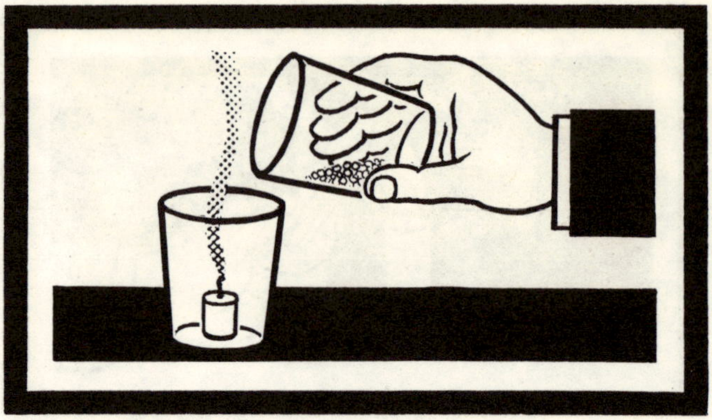

Zünde in einem leeren Glas einen Kerzenrest an. Lasse in einem anderen Glas – wie im vorigen Versuch – einen Teelöffel doppeltkohlensaures Natron mit etwas Essig ausschäumen. Wenn du das Glas über die Kerze neigst, erlischt sie.
Das bei dem chemischen Vorgang im oberen Glas entstehende Kohlendioxid verdrängt, weil es schwerer ist, die für die Flamme notwendige Luft. Da es selbst unbrennbar ist, muß das Feuer ersticken. Auf gleiche Art funktionieren manche Feuerlöscher: Der ausgespritzte Schaum besteht aus Bläschen, die mit Kohlendioxid angefüllt sind. Er umgibt die Flammen und versperrt ihnen die Sauerstoffzufuhr.

25 Verbrennung ohne Flamme

Drücke eine Handvoll Stahlwolle fest in ein Trinkglas und feuchte sie an. Stülpe das Gefäß über einen Teller mit Wasser. Zunächst verhindert die Luft im Glas ein Eindringen der Flüssigkeit. Doch bald wird der Wasserstand im Teller geringer, während er im Glase steigt.
Die Stahlwolle beginnt nach dem Befeuchten zu rosten. Das Eisen verbindet sich mit dem Sauerstoff der Luft, man nennt diesen Vorgang Verbrennung oder Oxydation. Da die Luft etwa zu $^1/_5$ aus Sauerstoff besteht, steigt das Wasser im Glas, bis es nach Stunden $^1/_5$ des Raumes füllt. Übrigens wird bei dem Vorgang unmerklich Wärme frei.

Brennendes Eisen 26

Hättest du gedacht, daß selbst Eisen mit einer Flamme verbrennen kann? Wickle etwas feine Stahlwolle um ein Holzstäbchen und halte sie in eine Kerzenflamme. Das Metall beginnt lichterloh zu brennen und wie eine Wunderkerze Funken zu sprühen.
Die Oxydation, die im vorigen Versuch langsam vor sich ging, erfolgt hier schnell. Das Eisen verbindet sich wieder mit dem Sauerstoff der Luft zu Eisenoxid. Dabei entsteht eine Temperatur, die über dem Schmelzpunkt des Eisens liegt. Wegen der herabfallenden glühenden Tröpfchen von Eisenoxid ist es ratsam, den Versuch in einem Waschbecken auszuführen.

Zerstörtes Metall 27

Lege in ein Glas mit Wasser ein Stück Silberpapier (Aluminiumfolie) und darauf ein Pfennigstück. Lasse das Glas einen Tag stehen. Danach zeigt sich eine Trübung des Wassers, und an der Stelle, wo die Kupfermünze lag, ist das Silberpapier durchlöchert.
Diese Zersetzungserscheinung ist als Korrosion bekannt. Sie tritt oft da auf, wo zwei verschiedene Metalle miteinander leitend verbunden sind. Bei Metallmischungen (Legierungen) ist sie besonders häufig, wenn die Metalle nicht gleichmäßig verteilt sind. Bei unserem Versuch trübt sich das Wasser durch aufgelöstes Aluminium. Außerdem wird bei dem Vorgang eine ganz geringe Menge Strom erzeugt.

Experimente mit elektrischem Strom

Kartoffel-Batterie 28

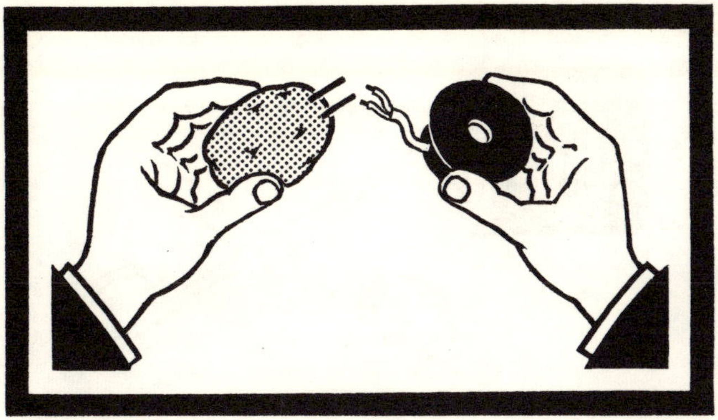

Stecke je einen fingerlangen Kupfer- und Zinkdraht in eine rohe Kartoffel. Hältst du einen Kopfhörer an die Drähte, läßt sich deutlich ein Knacken vernehmen.
Das Geräusch wird durch elektrischen Strom hervorgerufen. Ähnlich wie eine Taschenlampen-Batterie erzeugen Kartoffel und Drähte elektrischen Strom, wenn auch nur sehr schwachen. In einem chemischen Vorgang wirkt der Saft der Kartoffel auf die Metalle ein. Dabei entsteht auch elektriche Energie. Man spricht von einem galvanischen Element, weil als erster der italienische Arzt Galvani 1789 bei einem ähnlichen Experiment diesen Vorgang beobachtete.

Geld-Strom 29

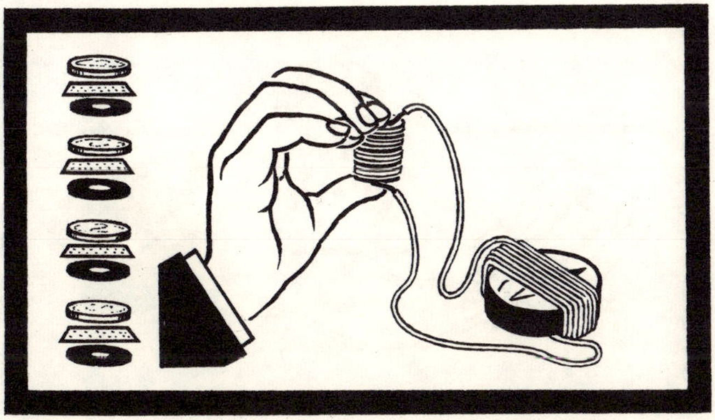

Lege mehrere blank geputzte Zweipfennigstücke und gleichgroße Stücke von Zinkblech abwechselnd übereinander, wobei du zwischen jedes Paar der Metalle ein Stückchen in Salzwasser getränktes Löschpapier fügst. Es wird elektrische Energie frei, die du nachweisen kannst. Wickle etwa 50mal dünnen Kupferlackdraht um einen Kompaß und halte je ein blankes Drahtende an die letzte Münze und Zinkscheibe. Der Strom bewirkt ein Ausschlagen der Magnetnadel.
Die Salzlösung greift die Metalle chemisch an. Als Folge fließt durch den Draht elektrischer Strom, der wiederum auf die Kompaßnadel magnetisch einwirkt.

30 Graphitleiter

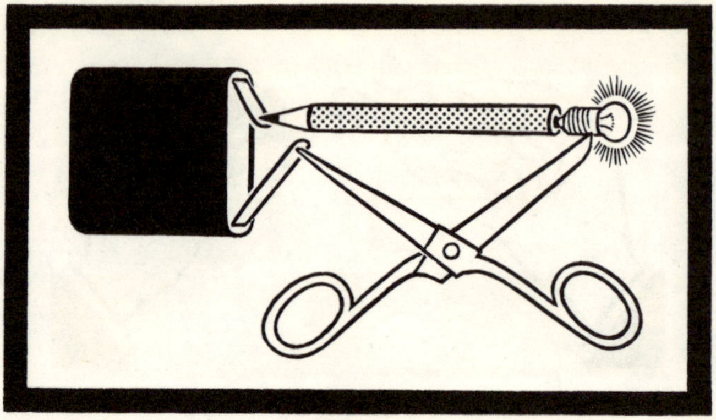

Verbinde eine Taschenlampen-Birne mit einer Batterie, indem du mit einer Schere und einem Bleistift die Kontakte herstellst. Die Birne leuchtet auf.
Von der langen Zunge der Batterie, dem Minuspol, fließt der Strom durch das Metall der Schere zum Lämpchen. Er bringt es zum Glühen und fließt durch die Graphit-Mine zum Pluspol der Batterie. Graphit leitet folglich gut; selbst durch einen Bleistiftstrich auf dem Papier fließt noch so viel Strom, daß du im Kopfhörer Geräusche wahrnehmen kannst.

31 Mini-Mikrophon

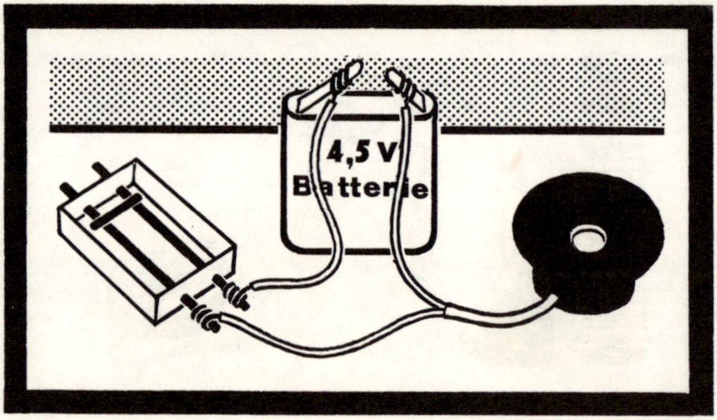

Stecke durch die Querwände einer Zündholzschachtel dicht über dem Boden zwei Bleistiftminen. Schabe sie oben etwas ab, ebenso eine kürzere Mine, die du quer darüberlegst. Verbinde das Mikrophon mit Batterie und Kopfhörer im Nachbarzimmer. (Du kannst den Kopfhörer von einem Transistorradio nehmen.) Halte die Schachtel waagerecht und sprich hinein. In der Muschel hört man deutlich deine Worte.
Der Strom fließt durch die Graphit-Stifte. Spricht man in die Schachtel, vibriert der Boden. Dadurch verändert sich der Druck zwischen den Minen, und der Strom fließt unregelmäßig. Die Stromschwankungen verursachen Schwingungen im Kopfhörer.

Geheimnisvolle Kreise 32

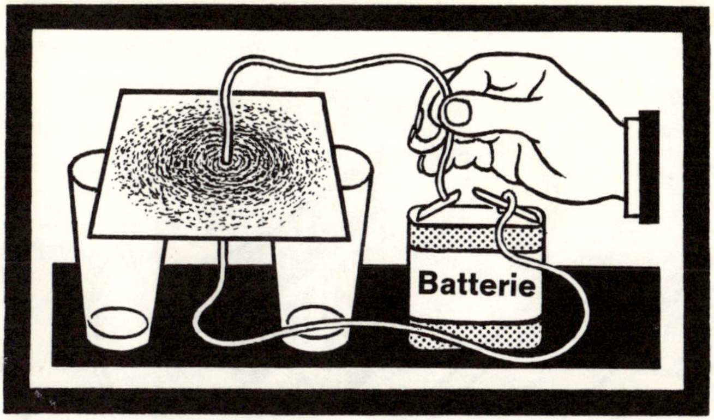

Stecke ein Stück Kupferdraht durch ein waagerecht gelegtes Stück Pappe und schließe die Enden des Drahtes an eine Batterie an. Streue von einem Stück Eisen abgefeilte Späne auf die Pappe und tippe leicht mit dem Finger dagegen. Die Eisenteilchen ordnen sich zu Kreisen um den Draht.
Wird ein Draht oder ein anderer Leiter von Gleichstrom durchflossen, so bildet sich um ihn herum ein magnetisches Feld. Mit Wechselstrom, bei dem sich die Stromrichtung in schneller Folge ändert, würde der Versuch nicht klappen, weil sich auch das magnetische Feld ständig umformt.

Elektro-Magnet 33

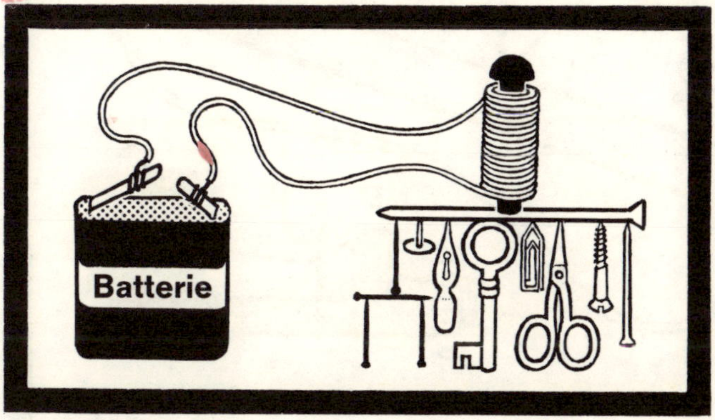

Wickle 1 bis 2 m isolierten, dünnen Draht auf einen Eisen-Bolzen. Verbinde die blanken Drahtenden mit einer Batterie. Jetzt zieht der Bolzen alle möglichen Gegenstände aus Metall an.
Der Strom erzeugt in der Spule ein Kraftfeld. Die winzigen Magnetteilchen im Eisen ordnen sich, wodurch das Eisen einen magnetischen Nord- und Südpol erhält. Besteht der Bolzen aus weichem Eisen, verliert sich der Magnetismus nach dem Stromabschalten. Ist er aus Stahl, behält er seine magnetische Kraft.

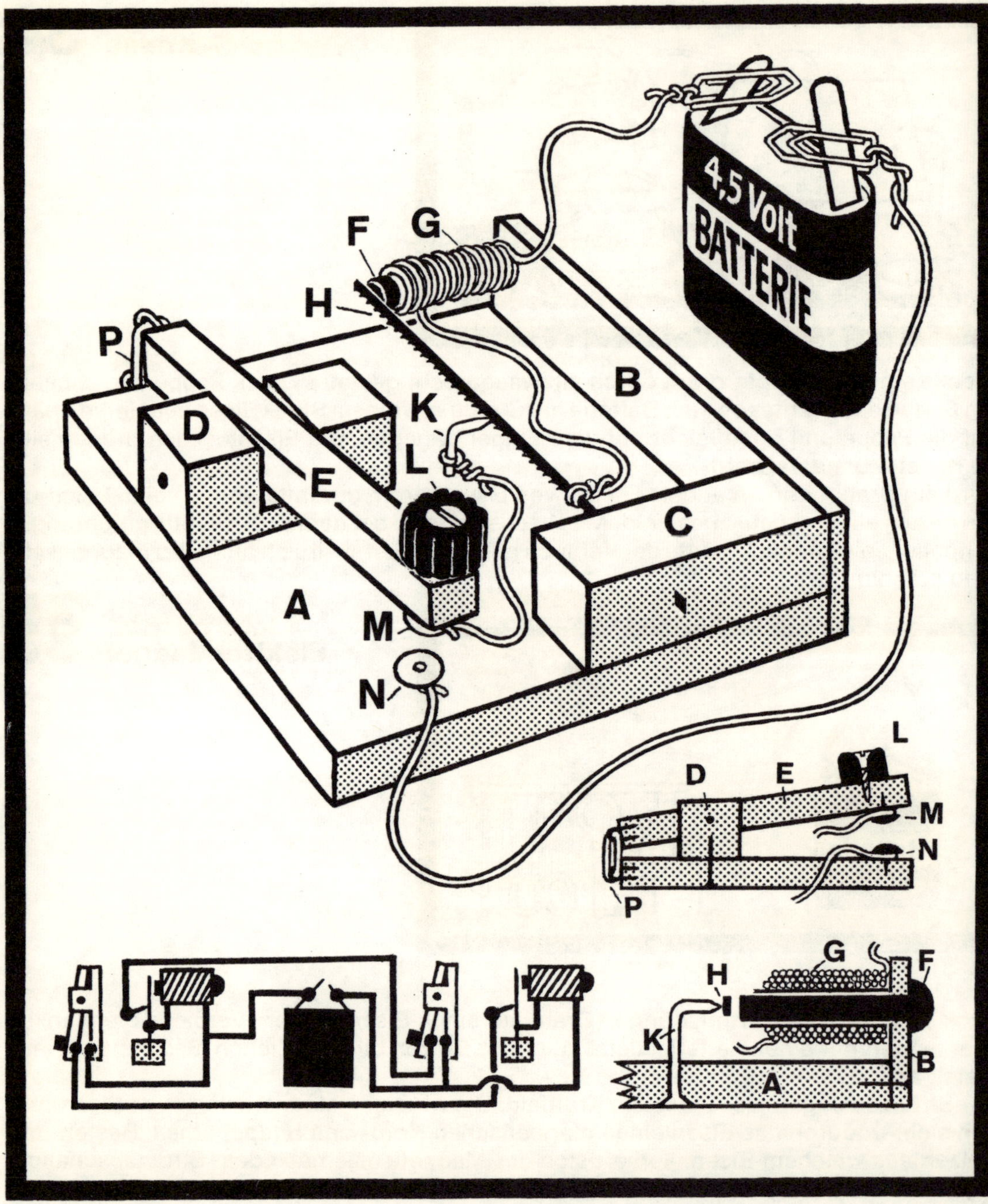

4,5 Volt
BATTERIE
F
G
H
P
B
K
D
L
E
C
A
M
N
L
D
E
M
N
P
G
H
F
K
B
A

Elektro-Summer 34

Nagele an Brett A (10×10 cm) Brett B und Klötzchen C und D. Stecke einen 4 cm langen Eisenbolzen F durch das Bohrloch von B. Wickle um den Bolzen 100mal Kupferlackdraht G. Die Drahtenden schließt du an die Batterie bzw. an H an. Durchbohre Klotz C und keile dort ein Laubsägeblatt H fest ein, so daß dessen Ende in 2 mm Abstand vom Bolzen F lagert. Einen langen Nagel K schlägst du durch Brett A und biegst ihn so um, daß die Spitze das Sägeblatt in der Mitte berührt. Öle die Nagelspitze. Als Taste dient eine Leiste E mit der Gummischlinge P als Federung und Reißstiften M und N als Kontakte. Mit Leitungsdraht (entferne die Isolierung!) verbindest du alle Teile.
Drückst du auf die Taste, schließt sich der Stromkreis, Bolzen F wird magnetisch und zieht das Sägeblatt H an. In diesem Augenblick wird bei K der Stromkreis unterbrochen, und der Bolzen verliert die magnetische Kraft. H schnellt zurück und schließt den Stromkreis von neuem. Dieser Vorgang wiederholt sich so schnell, daß das Sägeblatt vibriert und ein kräftiges Summen erzeugt. Willst du über zwei Apparate morsen, mußt du drei Leitungen nach der unteren Schaltskizze verlegen.

Licht-Fächer 35

Halte ein helles Stäbchen zwischen Daumen und Zeigefinger und wippe es bei Neonlicht auf und ab. Man sieht nicht, wie wohl erwartet, eine verwischte, helle Fläche, sondern einen Fächer mit hellen und dunklen Rippen.
Neonröhren enthalten ein Gas, das durch elektrischen Strom aufleuchtet. Auf Grund von kurzen Unterbrechungen im Wechselstrom geht aber ihr Licht 50mal in einer Sekunde an und aus. Normalerweise nimmt das Auge wegen seiner Trägheit die Lichtpausen nicht wahr. Das wippende Stäbchen wird in schneller Folge beleuchtet und verdunkelt, so daß es sich scheinbar ruckartig bewegt. In einer Glühbirne glüht der Metallfaden in den kurzen Stromunterbrechungen weiter.

Spiel mit statischer Elektrizität

Klebende Ballons 36

Blase Luftballons auf, binde sie zu und reibe sie eine Weile an deinem Wollpullover. Hältst du sie an die Zimmerdecke, bleiben sie dort stundenlang haften.
Durch die Reibung werden die Ballons elektrisch aufgeladen, das heißt, sie nehmen aus dem Pullover kleinste negative elektrische Teilchen auf, sogenannte Elektronen. Da elektrisch geladene Körper ungeladene anziehen, haften die Ballons an der Decke, bis sich die Ladungen nach und nach ausgleichen. Das dauert – in trockener Zimmerluft – meist Stunden, denn die Elektronen fließen in die schlecht leitende Zimmerdecke nur langsam ab.

Pfeffer und Salz 37

Streue grobkörniges Salz auf den Tisch und mische etwas gemahlenen Pfeffer dazu. Wie kann man beides wieder voneinander trennen? Reibe einen Eierlöffel aus Kunststoff mit einem Wolltuch und halte ihn über die Mischung. Der Pfeffer springt zum Löffel hoch und bleibt an ihm haften.
Durch die Reibung wird der Kunststofflöffel elektrisch aufgeladen und zieht die Mischung an. Hältst du den Löffel nicht zu niedrig, springt der Pfeffer, weil er leichter als Salz ist, zuerst hoch. Um die Salzkörnchen zu fangen, mußt du den Löffel tiefer halten.

38 Ringelnatter

Schneide aus Seidenpapier von etwa 10×10 cm Größe eine spiralförmige Schlange, lege sie auf einen Blechdeckel und biege ihren Kopf hoch. Reibe einen Füllhalter kräftig mit einem Wolltuch und halte ihn über die Schlange. Sie richtet sich wie ein lebendes Reptil auf und schnappt immer wieder zu.
In diesem Fall hat der Füllhalter aus dem Wolltuch Elektronen abbekommen und zieht das ungeladene Papier an. Bei Berührung nimmt es jedesmal einen Teil der Elektrizität auf, gibt sie aber sofort an den gut leitenden Deckel ab. Da das Papier nun wieder ungeladen ist, wird es von neuem angezogen, bis der Füllhalter seine Ladung verliert.

39 Wasserbogen

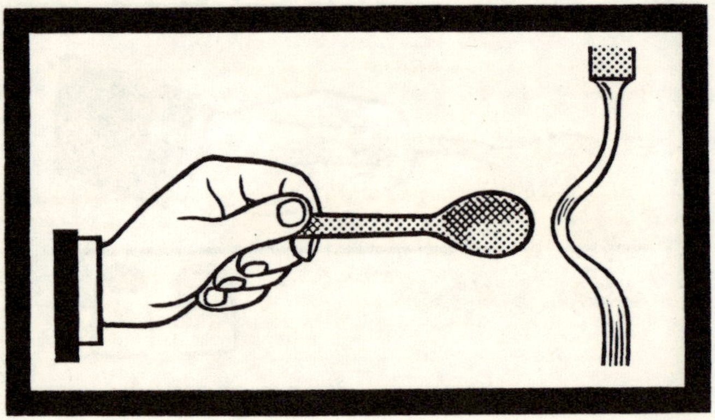

Reibe wieder einen Plastiklöffel mit einem Wolltuch. Drehe den Wasserhahn leicht auf und bringe den Löffel nahe an den feinen Strahl heran. Siehe da, er wird im Bogen zum Löffel hingezogen.
Die elektrische Ladung übt auf die ungeladenen Wasserteilchen eine Anziehung aus. Kommt das Wasser jedoch mit dem Löffel in Berührung, ist der Zauber sofort vorbei. Das Wasser leitet Elektrizität und entzieht dem Löffel die Ladung. Auch die winzigen in der Luft schwebenden Wasserteilchen nehmen Elektrizität auf. Daher gelingen Versuche mit statischer Elektrizität besonders gut an klaren Tagen und in zentralgeheizten Räumen.

Feindliche Ballons 40

Blase zwei Luftballons voll auf und binde sie an Fäden. Reibe beide an deinem Wollpullover und lasse sie dann an den Fäden herabhängen. Sie ziehen sich nicht, wie mancher erwartet, an, sondern schweben weit voneinander entfernt.
Beide Ballons haben sich durch das Reiben negativ aufgeladen, denn sie entzogen dem Pullover Elektronen. Dieser aber hat jetzt, da er die Elektronen abgegeben hat, eine positive Ladung. Negative und positive Ladungen ziehen sich an, die Ballons haften folglich am Pullover. Gleiche Ladungen aber stoßen sich gegenseitig ab: Die Ballons streben voneinander fort.

Schießender Puffreis 41

Lade einen Eierlöffel aus Kunststoff mit einem Wolltuch elektrisch auf und halte ihn über einen Teller mit Puffreis. Die Körner springen hoch und bleiben am Löffel hängen. Doch plötzlich schießen sie wie wild nach allen Seiten fort.
Die Puffreiskörner werden vom elektrisch geladenen Löffel angezogen und haften an ihm eine Weile. Dabei wandert ein Teil der Elektronen vom Löffel in den Puffreis, bis alle Körnchen und der Löffel die gleiche Ladung haben. Da aber gleiche elektrische Ladungen einander abstoßen, kommt dieses eigenartige Schauspiel zustande.

42 Einfaches Elektroskop

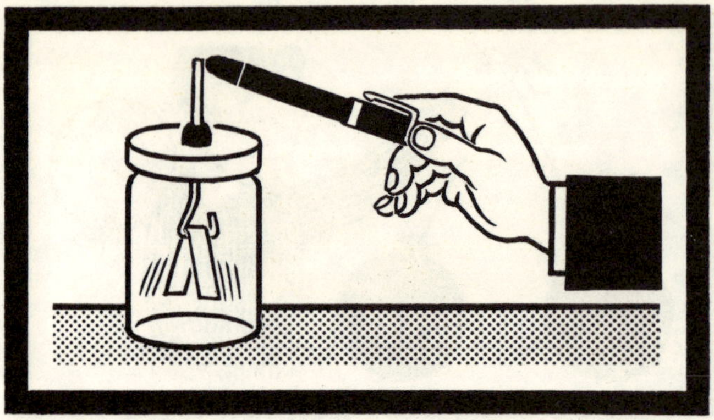

Durchbohre den Deckel eines Marmeladenglases, stecke einen hakenförmig gebogenen Kupferdraht hindurch und isoliere ihn vom Deckel durch Siegellack. Über den Haken hängst du einen gefalteten Streifen Silberpapier, von dem du das Papier gelöst hast. Bringst du einen durch Reibung an Wolle elektrisch geladenen Füllhalter, Kamm o. ä. an den Draht, spreizen sich die Streifen auseinander.
Bei der Berührung mit einem aufgeladenen Gegenstand fließen die elektrischen Teilchen durch den Draht in die Streifenenden. Beide haben jetzt die gleiche Ladung und stoßen einander je nach Ladungsstärke ab.

43 Elektrisches Ballspiel

Befestige eine aus Silberpapier geformte Fußballspielerfigur am Rand einer Schallplatte. Reibe diese kräftig mit einem Wolltuch und lege sie auf ein trockenes Glas. Etwa 5 cm vor die Figur stellst du eine Blechbüchse. Hängt man einen kleinen Silberpapierball am Faden dazwischen, schießt er mehrmals von der Figur zur Dose und zurück.
Die elektrische Ladung der Schallplatte fließt in das Silberpapier der Figur und zieht den Ball an. Er lädt sich auf, wird jedoch sofort wegen der gleichen Ladung abgestoßen, springt zur Dose und verliert dort seine Elektrizität. Dieser Vorgang wiederholt sich eine Zeitlang.

Elektrische Flöhe 44

Fahre mit einem Wolltuch über eine Langspielplatte und lege sie auf ein Glas. Wirfst du nun kleine Silberpapierkugeln auf die Platte, springen sie im Zickzack auseinander. Bewegst du dann mit dem Finger die Kugeln aufeinander zu, so hüpfen sie wieder wie wild fort.

Die durch die Reibung aufgenommene Elektrizität verteilt sich in unregelmäßigen Feldern auf der Platte. Die Kugeln nehmen die Ladung auf und werden abgestoßen, von Feldern mit entgegengesetzter Ladung aber wieder angezogen. Begegnen sich gleichgeladene Kugeln, stoßen sie sich ebenfalls ab.

Püppchen-Tanz 45

Lege über zwei Bücher und ein Metalltablett eine Glasscheibe und schneide aus Seidenpapier 3 cm große Püppchen. Reibst du mit einem Seidentuch über das Glas, beginnen die Figuren darunter lustig zu tanzen. Sie stellen sich auf, drehen sich im Kreis, fallen wieder um und springen von neuem empor.

Durch die Reibung mit dem Seidentuch wird die Scheibe elektrisch aufgeladen, sie zieht die Püppchen an, und auch sie werden geladen. Da gleiche Ladungen einander abstoßen, fallen die Püppchen auf den Teller zurück, geben ihre Ladung an das Metall ab und werden von neuem angezogen.

46 Hochspannung

Lege den Blechboden einer Backform auf ein trockenes Glas. Reibe einen aufgeblasenen Luftballon kräftig am Wollpullover und lege ihn auf das Blech. Näherst du einen Finger dem Rand, springt ein Blitz über.
Zwischen Metall und Finger kommt es zum Spannungsausgleich. Obwohl sich der Blitz mit einigen tausend Volt Spannung entlädt, ist er ebenso ungefährlich wie beim Kämmen der Haare entstehende Funken. Ein amerikanischer Wissenschaftler stellte fest, daß man das Fell einer Katze 9 200 000 000mal streicheln müßte, um mit der gewonnenen Strommenge eine 75-Watt-Birne eine Minute lang brennen zu lassen.

47 Blitzschlag

Lege auf ein trockenes Glas einen Tortenheber aus Metall und darauf ein Stück Hartschaumplastik (Styropor), das du gut an deinem Pullover gerieben hast. Kommst du mit dem Finger in die Nähe des Tortenhebergriffes, zuckt ein Blitz über.
Legt man den negativ geladenen Kunststoff auf den Tortenheber, werden die negativen elektrischen Teilchen im Metall bis in die Spitze des Griffes abgestoßen. Von dort erfolgt der Spannungsausgleich. Plastikstoffe lassen sich stark aufladen. In Warenhäusern werden z. B. Metallständer für Folienrollen geerdet, da sich sonst bei Annäherung häufig elektrische Funken bilden.

In vielen Haushalten gibt es einen Spannungsprüfer, meistens in der Form eines Schraubenziehers. Im Griff befindet sich u. a. ein kleines Glühröhrchen, das du leicht ausmontieren kannst. Halte es an einem Metallende fest und reibe das andere an einem Stück Hartschaumplastik (Styropor), das z. B. als Isolierplatten Verwendung findet. Beim Hin- und Herstreichen beginnt das Lämpchen zu glimmen, im Dunkeln kannst du das besonders deutlich beobachten.
Da das Styropor weich ist, reiben sich beim Herüberfahren mit dem Lämpchen die Kunststoffschichten gegenseitig und laden sich stark elektrisch auf. Die Elektronen sammeln sich an der Oberfläche und fließen durch das kleine Lämpchen in deinen Körper, wodurch es zum Glühen kommt.
Schon die alten Griechen hatten entdeckt, daß Bernstein andere Dinge anzieht, wenn man ihn reibt. Sie nannten das versteinerte Harz Elektron. Die Kraft, die seither die Welt so grundlegend veränderte, hat daher ihren Namen: Elektrizität.

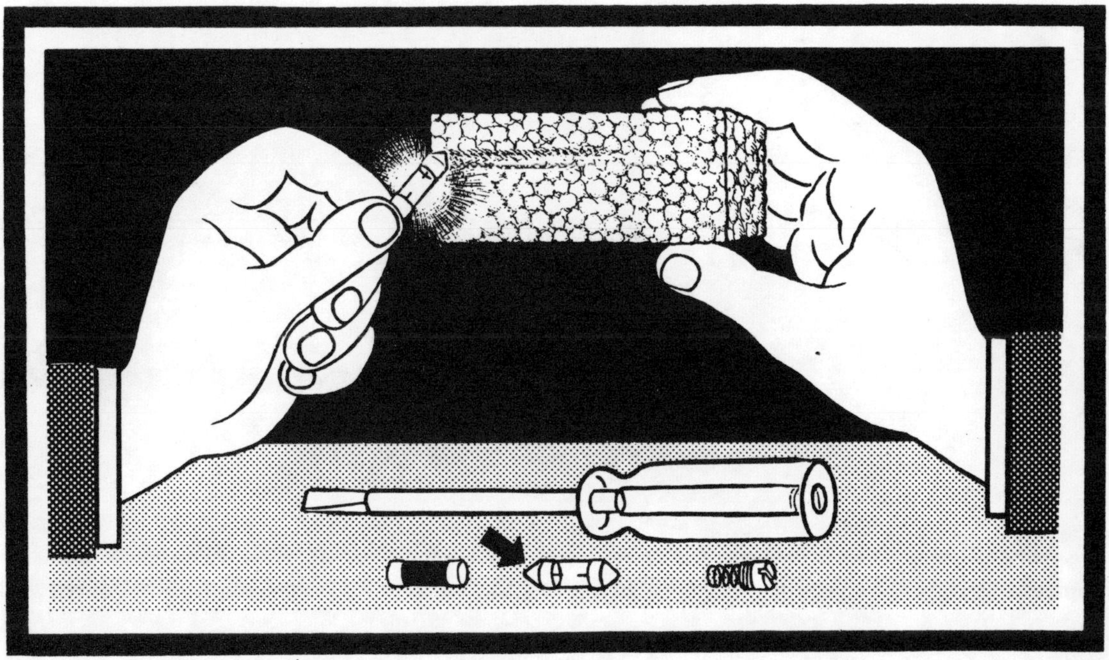

Versuche mit dem Magnetismus

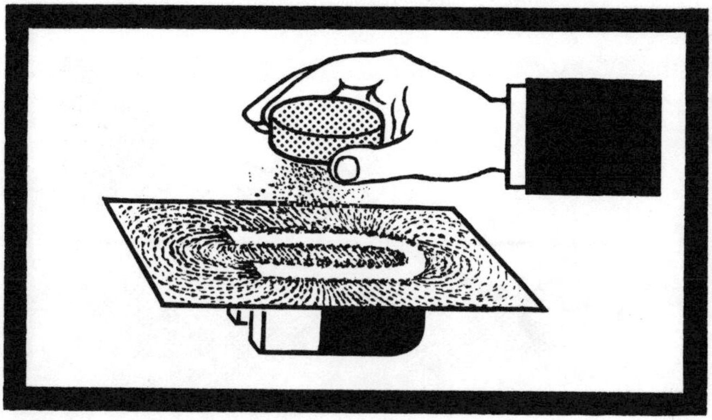

Feldlinien 49

Lege ein Blatt Zeichenkarton über einen Magneten – übrigens weißt du ja schon, wie du einen Magneten herstellen kannst – und streue Eisenspäne, die beim Feilen abfallen, darauf. Klopfe leicht gegen den Karton, und ein Bild entsteht.
Die Spänchen ordnen sich zu bogenförmigen Linien und zeigen die Richtung der magnetischen Wirkung. Diese Bilder kannst du haltbar machen. Tauche den Karton in erwärmtes Stearin von einer Kerze und lasse es erkalten. Streue die Eisenspäne darauf. Hältst du nach der Entstehung der magnetischen Linien, der Feldlinien, ein heißes Bügeleisen nahe über das Blatt, wird das Bild fixiert.

Magnetkraft der Erde 50

Halte einen Stab aus weichem Eisen nach Norden, schräg gegen den Boden, und hämmere mehrmals auf das Eisen. Der Stab wird dadurch ein wenig magnetisch.
Die Erde ist von magnetischen Feldlinien umgeben. Bei uns treffen sie im Winkel von 65° auf die Erde. Die Magnetteilchen im Eisen richten sich bei der Erschütterung, durch die magnetischen Feldlinien der Erde beeinflußt, nach Norden hin aus. Das ist übrigens auch die Erklärung für das Rätsel, warum eiserne Werkzeuge manchmal magnetisch werden. Hältst du deinen magnetisierten Stab in Ost-West-Richtung und schlägst du auf ihn, verliert sich wieder die magnetische Kraft.

51 Magnetisch oder nicht

Viele Gegenstände aus Eisen oder Stahl sind magnetisch, ohne daß man es ahnt. Mit einem Kompaß kannst du jeden Magnetismus aufspüren.
Ist ein Stab magnetisch, dann muß er, genau wie die Magnetnadel, einen Nord- und einen Südpol haben. Da sich zwei ungleichnamige Pole anziehen und zwei gleichnamige abstoßen, wird ein Nadelpol vom Stabende angezogen und der andere abgestoßen. Ist der Stab jedoch nicht magnetisch, werden beide Nadelpole von einem Stabende angezogen.

52 Kompaßnadel

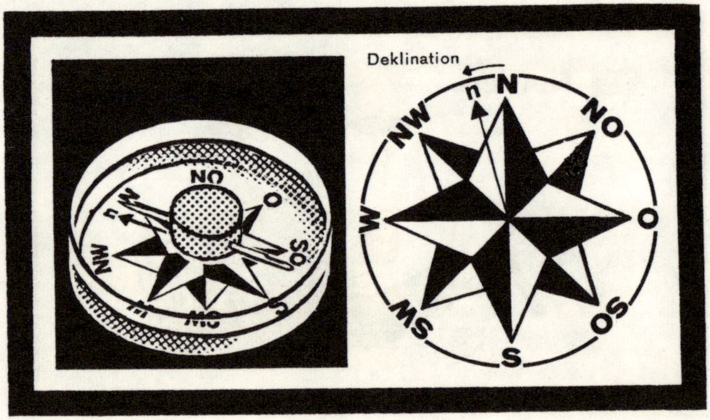

Reibe mit einem Magnet über eine Nähnadel, bis sie magnetisch ist, und stich sie durch eine Korkscheibe. In einem wassergefüllten, durchsichtigen Plastikdeckel dreht sich die Nagel und stellt sich in Nord-Süd-Richtung. Klebe unter den Deckel eine Windrose aus Papier.
Die Nadel zeigt nach Norden zum magnetischen Pol der Erde. Dieser liegt im nördlichen Kanada, ist also nicht mit dem geographischen Nordpol zu verwechseln, um den sich die Erde dreht. Die Abweichung (Deklination) der Magnetnadel von der wahren Nordrichtung beträgt in Westdeutschland 4° in westlicher Richtung.

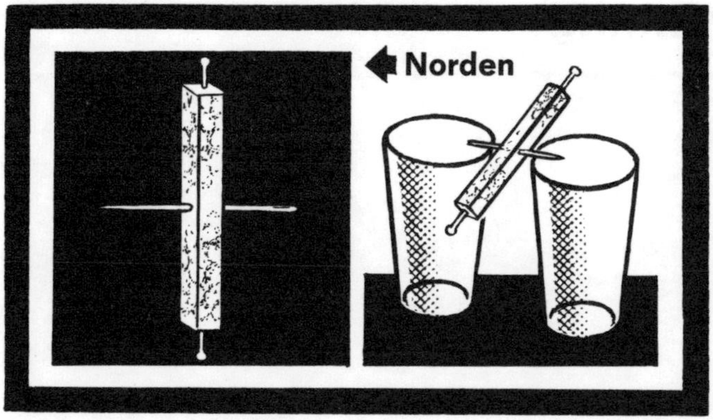

Neigung zum Pol 53

Magnetisiere zwei Stahlstecknadeln, daß sich ihre Spitzen gut anziehen. Stecke sie in die Enden eines bleistiftdicken Stückes Schaumplastik (Styropor) und bringe es auf einer Nähnadel über zwei Gläsern (durch Verschieben der Nadeln und Abzupfen von Plastikstückchen) in vollkommenes Gleichgewicht. Läßt man diesen Kompaß in Nord-Süd-Richtung drehen, bleibt er schräg nach Norden geneigt stehen.
Der Kompaß stellt sich parallel zu den magnetischen Feldlinien, die die Erde von Pol zu Pol umspannen. Diese Abweichung (Inklination) von der Waagerechten beträgt bei uns 65°. An den magnetischen Polen der Erde würde der Kompaß senkrecht stehen.

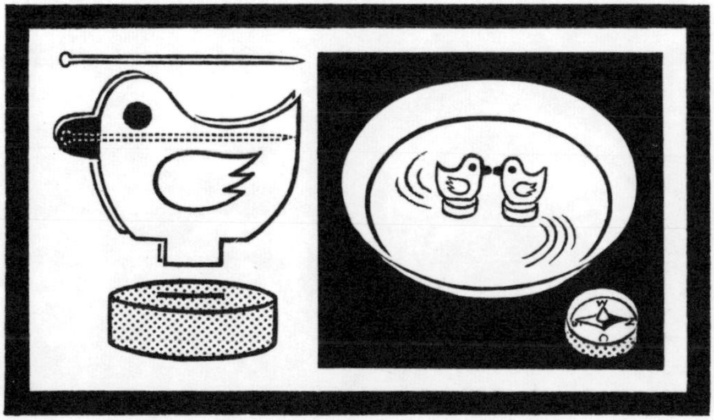

Magnetische Enten 54

Klebe zwei Enten doppelt aus Papier und stecke in jede Figur eine magnetisierte Stahlstecknadel. Setze die Figuren auf Korkscheiben in einen Teller mit Wasser. Nach bogenförmigen Bewegungen stellen sie sich mit den Schnäbeln oder Schwanzspitzen aneinander in Nord-Süd-Richtung.
Die Enten nähern sich einander entlang den magnetischen Feldlinien. Ihre Bewegung verursachen verschiedene Kräfte: die Anziehung der ungleichnamigen Magnetpole, die abstoßende Wirkung gleichnamiger Magnetpole und der Erdmagnetismus. Setze die Magnete so ein, daß in den Schnäbeln zwei einander anziehende Pole stecken.

Luftdruck und Luftströmung

Taucherglocke 55

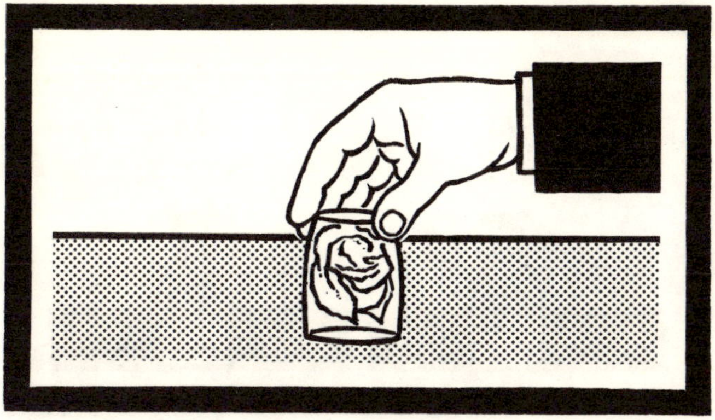

Du kannst ein Taschentuch unter Wasser tauchen, ohne daß es naß wird: Stopfe das Tuch fest in ein Trinkglas und tauche es mit der Öffnung nach unten ins Wasser.
Luft ist zwar unsichtbar, aber sie besteht doch aus kleinsten Teilchen, die Räume ausfüllen. Im umgestülpten Glas ist also auch Luft eingeschlossen, und sie verhindert, daß das Wasser eindringt. Wenn man das Glas allerdings tiefer eintaucht, sieht man, daß doch etwas Wasser in das Glas gelangt. Es ist der steigende Wasserdruck, der die Luft im Glas ein wenig zusammenpreßt. Taucherglocken und Senkkästen für Arbeiten unter Wasser funktionieren nach dem gleichen Prinzip.

Ballon in der Flasche 56

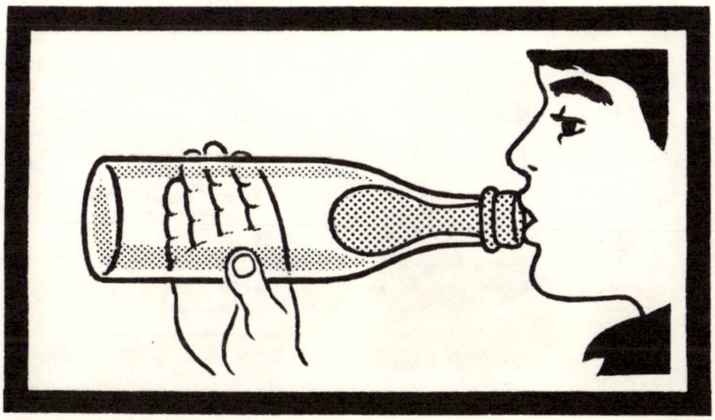

Glaubst du, daß es dir in jedem Fall gelingt, einen gewöhnlichen Luftballon voll aufzublasen? Du wirst dich wundern: Stecke einen Luftballon in eine Flasche und spanne sein Mundstück über die Flaschenöffnung. Puste kräftig in den Ballon. Es gelingt dir nur, die Ballonhaut zu straffen, dann ist deine Atemkraft am Ende.
In demselben Maße wie sich der Druck der Luft im Ballon steigert, wächst der Gegendruck der in der Flasche eingeschlossenen Luft. Er ist bald so groß, daß deine Atemmuskeln in deinem Brustkorb nicht stark genug sind, ihn zu überwinden.

57 Luftschloß

Stecke einen Trichter mit nicht zu weiter Tülle in die Öffnung einer Flasche und dichte diese ringsum mit Knetgummi luftdicht ab. Gießt du Wasser in den Trichter, läuft es nicht in die Flasche.
Die in der Flasche eingeschlossene Luft verhindert das Einfließen des Wassers. Andererseits lassen die durch die Oberflächenspannung hautartig verdichteten Wasserteilchen vor der Trichtermündung keine Luft ausströmen. Halte ein Ende eines Strohhalmes zu, stecke das andere durch den Trichter, hebe deinen Finger, und das Wasser fließt sofort in die Flasche. Die Luft kann jetzt durch den Strohhalm entweichen.

58 Schwebendes Wasser

Fülle ein Trinkglas bis oben mit Wasser und lege eine Postkarte darauf. Halte mit einer Hand die Karte und drehe das Glas mit der Öffnung senkrecht nach unten. Ziehe nun die Hand von der Karte. Sie bleibt am Glas, und es läuft kein Wasser heraus.
Auf jedem Quadratzentimeter der Karte lastet bei einem 8 cm hohen Glas ein Wassergewicht von 8 g (denn 1 ccm Wasser wiegt 1 g). Der Druck der Luft von unten beträgt hingegen auf jeden Quadratzentimeter 1000 g. Er ist also viel größer als das Wassergewicht und preßt die Karte so fest gegen die Glasöffnung, daß seitlich keine Luft einströmen und folglich kein Wasser ausfließen kann.

Luftlast auf dem Papier 59

Lege einen Zigarrenkistendeckel über die Kante eines glatten Tisches. Breite einen unbeschädigten Zeitungsbogen darüber und drücke ihn fest an das Brett. Schlage kräftig mit der Faust auf den überstehenden Deckel. Er bricht ab, ohne daß das Papier hochschnellt. Beim Schlag wird das Brettchen nur leicht verkantet. In den sich bildenden Raum zwischen Brett, Zeitung und Tischplatte kann die Luft nicht schnell genug nachströmen. Dadurch entsteht hier ein Unterdruck, und der normale Luftdruck von oben hält das Brett wie in einer Schraubzwinge fest.

Flaschenbarometer 60

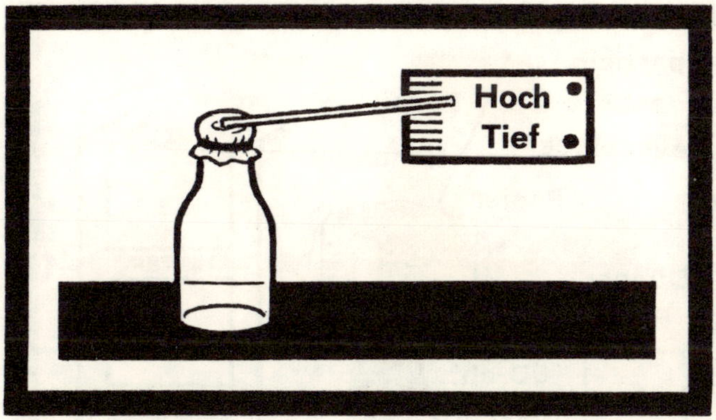

Spanne auf eine Milchflasche ein Stück Luftballon und klebe einen Strohhalm oben darauf. Da sich der Luftdruck je nach Wetterlage täglich ändert, bewegt sich das Strohhalmende auf und ab.

Wird der Luftdruck bei schönem Wetter stärker, so drückt er die Membrane nach innen, und das Zeigerende klettert an der Skala hoch. Nimmt der Luftdruck ab, so läßt der Druck auf die Gummihaut nach, und der Zeiger fällt. Da sich die Luft in der Flasche bei Erwärmung ausdehnt, solltest du das Barometer an einen Platz mit gleichbleibender Temperatur stellen.

61 Wetterfrosch

Ein Laubfrosch aus Papier klettert wie ein echter Wetterfrosch an einer Leiter auf und ab und sagt dir das Wetter voraus. Biege einen 6 cm langen Blechstreifen U-förmig und durchbohre ihn so, daß eine Nähnadel leicht drehbar eingesetzt werden kann. Durch Ausglühen wird die Nadel griffig gemacht und an ihr mit einem dünnen Drähtchen der Frosch aus grün bemaltem Papier befestigt. In einem 10 cm hohen Honigglas klebst du in der Mitte der Wand das Blech fest, außerdem seitlich eine Leiter aus Karton. Um die Nadel schlingst du einen Faden mit einem kleinen Gegengewicht am Ende. Auf ein Stück Plastikfolie klebst du eine Pappscheibe und ziehst durch ihre Mitte das andere Fadenende. Die Folie wird nun glatt und luftdicht über die Glasöffnung gespannt, der Faden straff verknotet und das Loch abgedichtet.
Bei höherem Luftdruck (Schönwetter) wird die Plastikfolie etwas nach innen gedrückt und der Frosch klettert hoch. Bei tiefem Luftdruck (Schlechtwetter) läßt der Druck auf die Folie nach, und der Frosch steigt herab.

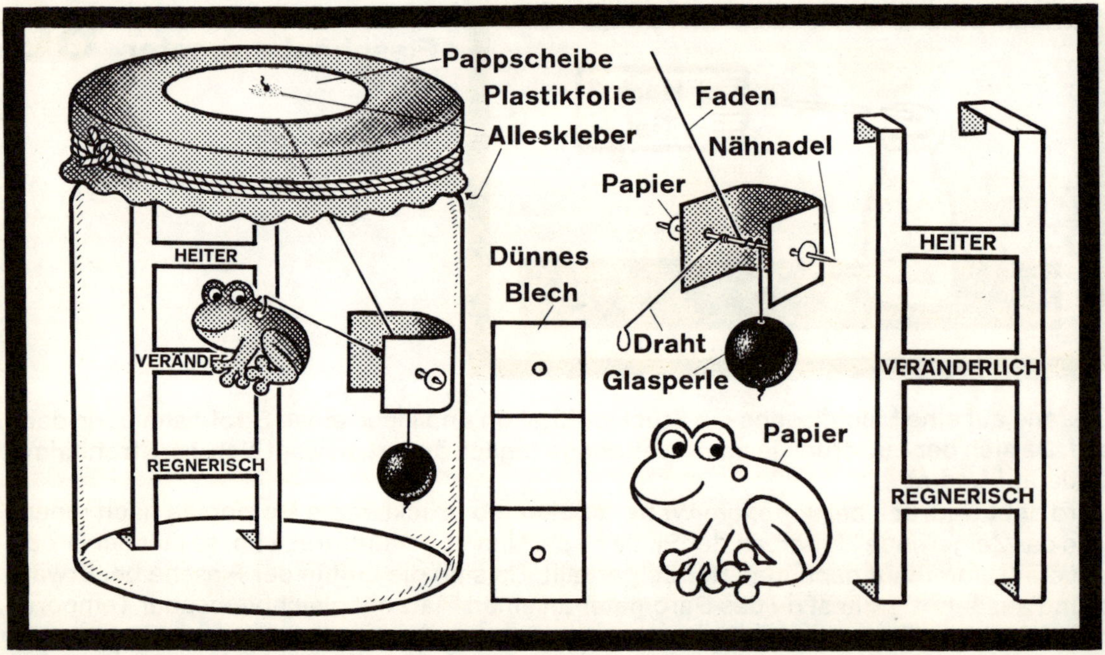

Springbrunnen 62

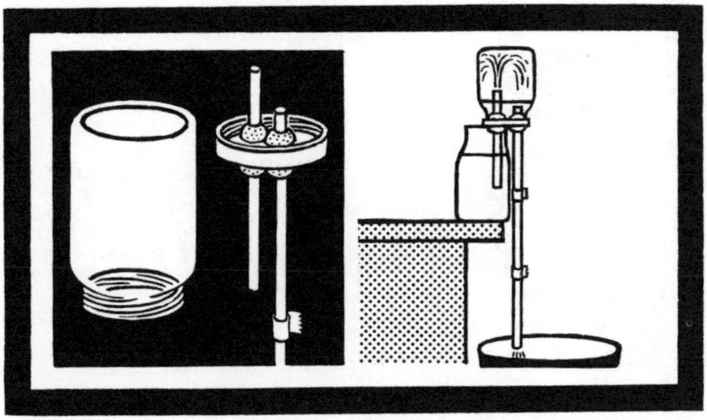

Schlage zwei Löcher in den Deckel eines Marmeladenglases und stecke durch das erste einen Plastikhalm 5 cm weit hinein. Drei andere Halme setzt du mit Klebefilm zusammen und schließt sie am zweiten Loch an. Mit erwärmtem Knetgummi werden die Fugen gut abgedichtet. Schraube nun den Deckel auf das mit etwas Wasser gefüllte Glas, drehe es um und lasse den kurzen Halm in eine Flasche voll Wasser ragen: Oben sprudelt eine Wasserfontäne so lange empor, wie die Flasche Wasser hergibt.
Das Wasser läuft durch das lange Röhrchen ab, der Luftdruck im Glas verringert sich. Die Außenluft versucht einzudringen und drückt das Wasser aus der Flasche.

Streichholz-Lift 63

Es ist einfach, mit Hilfe von Luft auf dem Tisch liegende Streichhölzer in die Schachtel zu befördern. Nimm die Hülse zwischen die Lippen und senke sie auf die Hölzchen. Hole tief Luft, und sie schweben wie angeklebt unter der Hülse.
Durch das Atemholen schaffst du in der Hülse einen luftverdünnten Raum. Der Luftdruck preßt die Hölzer von unten gegen die Schachtelöffnung. Selbst ein Hölzchen ist auf diese Weise anzuheben, wenn du die Luft scharf einziehst.

64 Schuß nach hinten

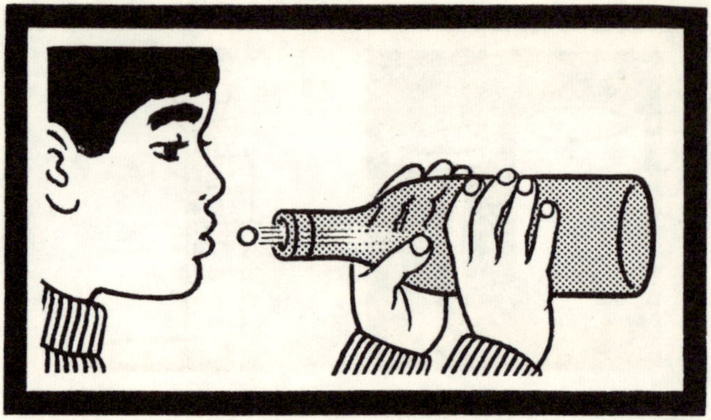

Halte eine leere Flasche waagerecht und lege ein kleines Papierkügelchen vorn in den Flaschenhals. Versuche, die Kugel durch Pusten in die Flasche zu befördern. Du hast kein Glück! Das Papierkügelchen fliegt statt in den Flaschenbauch dir ins Gesicht.

Durch das Pusten entsteht ein erhöhter Luftdruck in der Flasche und gleichzeitig vor dem Flaschenhals ein Unterdruck. Es kommt zum Druckausgleich, wobei das Kügelchen wie aus einem Luftgewehr herausgetrieben wird.

65 Gelüftetes Geheimnis

Lege eine Spielkarte mit einem Fünfmarkstück darauf über ein Weinglas, so daß an einer Seite die Öffnung des Glases frei bleibt. Aufgabe ist, die Münze mit einmaligem Pusten in das Glas zu befördern. Wer den Trick nicht kennt, wird kräftig gegen die Münze blasen, um sie so ins Glas zu schubsen. Doch dafür ist sie zu schwer und rührt sich nicht vom Fleck.

Das Experiment gelingt nur, wenn du einmal kurz in die Öffnung des Glases pustest. Die Luft wird im Innern gefangen und zusammengepreßt. Der überhöhte Druck hebt die Karte an, und die Münze rutscht vornüber in das Glas.

Preßluftrakete 66

Durchbohre die Kappe einer Plastikflasche und passe in das Loch ein Plastik-Trinkrohr ein. Dichte die Fugen mit Alleskleber ab. Das ist die Abschußrampe. Die Rakete fertigst du aus einem 10 cm langen Strohhalm, der leicht über das Plastikrohr gleiten muß. Klebe an das eine Ende als Leitwerk bunte Papierecken und an das andere Plastilin als Spitze an. Das Plastikrohr schiebst du nun so weit in die Rakete, bis seine Spitze leicht im Plastilin steckt. Wenn du dann kräftig auf die Flasche drückst, fliegt das Geschoß bis zu 10 m weit.

Beim Drücken auf die Plastikflasche wird die Luft im Innern zusammengepreßt. Erst wenn der Druck groß genug ist, löst sich der Plastilin-Pfropfen vom Röhrchen, die nun befreite Luft dehnt sich wieder aus und schleudert das Geschoß fort. Das Plastilin hat hier die gleiche Aufgabe wie der Abzugsmechanismus bei einem Luftgewehr.

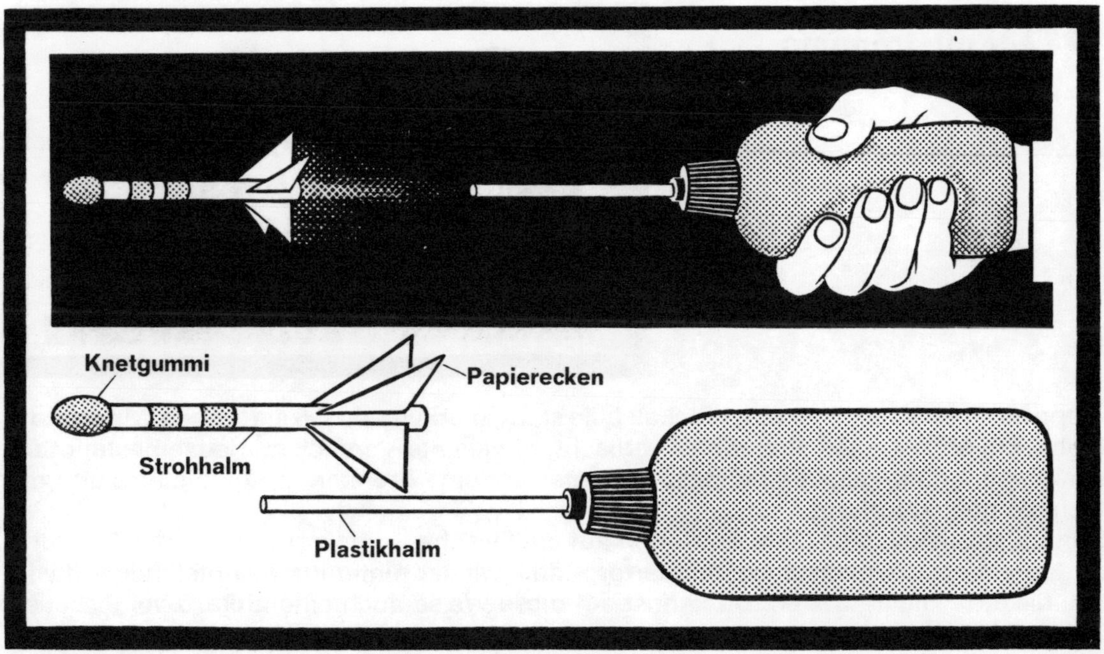

67 Eier blasen

Stelle zwei Eierbecher aus Porzellan hintereinander auf und stecke ein Hühnerei in den vorderen. Blase kräftig von oben auf den Rand des gefüllten Bechers. Plötzlich hebt sich das Ei, kippt hintenüber und fällt in den leeren Becher.
Da die Eierschale rauh ist, liegt sie nie dicht an der glatten Becherwand an. Durch den Spalt strömt die Luft in den Hohlraum unter dem Ei. Dort wird sie zusammengepreßt. Wenn die Spannkraft des Luftpolsters groß genug ist, hebt sie das Ei in die Höhe.

68 Sonderbare Luftströmung

Wenn man bei Wind hinter einer Plakatsäule steht, merkt man, daß sie keinen Windschutz bietet. Ein entzündetes Streichholz verlischt. Ein kleiner Versuch zu Hause bestätigt dir das: Puste kräftig gegen eine Flasche, hinter der eine brennende Kerze steht, und die Flamme geht sofort aus.
Der Luftstrom teilt sich beim Auftreffen auf die Flasche, schmiegt sich an ihre Rundung und vereinigt sich mit kaum verminderter Stärke wieder hinter ihr. Es entstehen Luftwirbel, die die Flamme treffen. Du kannst auf diese Weise auch eine hinter zwei Flaschen aufgestellte Kerze auslöschen wenn du eine gute Puste hast.

Bernoulli hatte recht 69

Lege eine der Länge nach gebogene Postkarte auf den Tisch. Du glaubst sicherlich, die Karte leicht umwenden zu können, wenn du kräftig darunter pustest. Probiere es! Wie sehr du dich anstrengst, die Karte hebt sich nicht vom Tisch. Im Gegenteil, sie schmiegt sich fester an.
Daniel Bernoulli, ein Schweizer Wissenschaftler des 18. Jahrhunderts, stellte fest, daß der Druck eines Gases bei zunehmender Geschwindigkeit geringer wird. Der Luftstrom erzeugt unter der Karte einen Unterdruck, so daß der normale Luftdruck von oben die Karte auf die Unterlage preßt.

Sturmsichere Münze 70

Drücke drei Stecknadeln in die Mitte einer Holzplatte und lege ein Markstück auf die Nadelköpfe. Du kannst Wetten abschließen! Niemandem, der das Experiment nicht kennt, gelingt es, die Münze von dem Dreifuß herunterzupusten.
Der Luftstoß kann das Metall an den schmalen, glatten Rändern nicht fassen. Er schießt unter der Münze hindurch und vermindert dort den Luftdruck, wodurch sie fester auf den Nadeln lastet. Legst du dein Kinn aber auf die Holzplatte dicht vor das Geldstück und pustest mit weit vorgeschobener Unterlippe, dann trifft der Luftstrom direkt auf die Unterseite der Münze und hebt sie ab.

71 Gefangener Ball

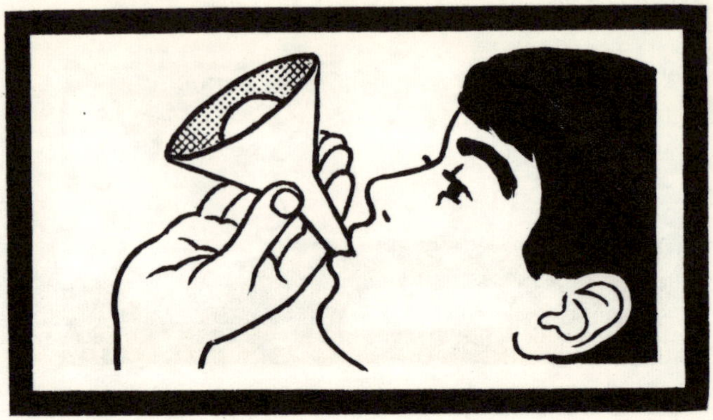

Lege einen Tischtennisball in einen Trichter, halte ihn mit der Öffnung schräg nach oben und puste so gut du kannst durch die Tülle. Es ist kaum zu glauben, aber niemand schafft es, den Ball herauszublasen.
Der Luftstrom prallt nicht, wie man annehmen könnte, mit voller Wucht gegen den Ball. Er teilt sich und zwängt sich dort hindurch, wo der Ball den Trichter berührt. An dieser Stelle verringert sich gemäß dem Gesetz von Bernoulli der Luftdruck, und die Außenluft preßt den Ball fest in die Öffnung hinein.

72 Fliegender Pfennig

Lege ein Pfennigstück 10 cm von der Kante entfernt auf den Tisch und stelle 20 cm dahinter ein flaches Schälchen auf. Wie kann man die Münze in das Gefäß pusten?
Du schaffst es nie, wenn du vor den Pfennig bläst – in der irrigen Annahme, der Wind könne durch Unebenheiten der Platte unter den Pfennig geraten und ihn emporschleudern. Er läßt sich nur in die Schale befördern, wenn du einmal scharf etwa 5 cm waagerecht über ihn hinwegpustest. Der Luftdruck über der Münze wird vermindert, die umgebende Luft mit normalem Druck strömt von allen Seiten nach und hebt dabei das Geldstück an. Es gerät in den Luftstrom und wirbelt in das Schälchen.

Schwebende Karte 73

Manch ein physikalischer Versuch mutet wie Zauberei an, aber man findet für alle eigenartigen Vorgänge logische Erklärungen und Gesetze. Stich durch die Mitte einer halbierten Postkarte einen Reißstift. Halte sie so unter eine Garnspule, daß der Reißstift in die Öffnung ragt, und puste kräftig von oben hindurch. Läßt du dabei die Karte los, erwartet man eigentlich, daß sie herabfällt. In Wirklichkeit schwebt sie aber frei unter der Spule. Das verblüffende Ergebnis findet seine Erklärung in Bernoullis Gesetz. Der Luftstrom geht mit großer Geschwindigkeit zwischen Spule und Karte hindurch, erzeugt hier einen Unterdruck, und der normale Luftdruck preßt die Karte von unten her fest gegen die Spule. Ähnlich wird das Steigen eines Flugzeuges bewirkt. Die Luft strömt über die gewölbte Oberseite der Tragflächen schneller als über die ebene Unterseite, und folglich verringert sich der Luftdruck über den Tragflächen.

74 Windtrichter

Zünde eine Kerze an, halte die Öffnung eines Trichters in einigem Abstand vor die Flamme und puste kräftig hindurch. Es gelingt dir nicht, die Flamme auszublasen, im Gegenteil, sie bewegt sich zum Trichter hin.
Beim Hindurchpusten vermindert sich der Luftdruck in der Trichtermitte, und folglich strömt die Außenluft von vorn in den luftverdünnten Raum. Die gepustete Luft streicht an der Trichterwand entlang: hältst du den Trichter mit dem Rand direkt vor die Flamme, so erlischt sie. Bläst man umgekehrt in die Trichteröffnung hinein, verdichtet sich die Luft in der engen Tülle und löscht beim Austritt die Flamme sofort.

75 Knall in der Flasche

Wirf in eine leere Milchflasche ein brennendes Papierstück. Spanne Luftballonhaut fest über die Öffnung. Nach einem Augenblick stülpt sich der Gummi in den Flaschenhals, während die Flamme erlischt.
Beim Brennen entweicht zunächst ein Teil der sich ausdehnenden, erhitzten Luft. Nach dem Erlöschen der Flamme kühlen sich die verdünnten Gase in der Flasche ab und werden vom Außendruck zusammengedrängt. Dabei spannt sich der Gummi so stark, daß der endgültige Druckausgleich erst stattfindet, wenn man die Blase aufsticht. Das gibt einen tüchtigen Knall.

Das doppelte Glas 76

Zünde in einem leeren Wasserglas einen Kerzenrest an, lege ein nasses Löschblatt darüber und stülpe ein zweites gleich großes Glas darauf. Nach einigen Sekunden ist das Feuer erloschen, und die Gläser haften aneinander.

Durch das Feuer wird der Sauerstoff in beiden Gläsern – das Löschpapier ist luftdurchlässig – verbraucht. Dadurch entsteht innen ein Unterdruck, und der Luftdruck von außen preßt die Gläser aneinander.

Münze im Brunnen 77

In einem Teller mit Wasser liegt eine Münze. Wie kann man sie herausholen, ohne ins Wasser zu greifen oder das Wasser aus dem Teller zu entfernen? Lege ein brennendes Papierstückchen in ein Glas und stülpe es neben die Münze auf den Teller. Das Wasser steigt ins Glas und gibt die Münze frei.

Bei der Verbrennung verbindet sich u. a. der im Papier enthaltene Kohlenstoff mit dem Sauerstoff der Luft zu Kohlendioxid. Der Gasdruck im Glas verringert sich durch Ausdehnung der Gase beim Erhitzen und Zusammenziehung beim Erkalten. Die Luft will von außen nachströmen und drückt das Wasser in das Glas.

Experimente mit der Wärme

Flaschengeist 78

Eine leere Weinflasche, die an einem kühlen Ort aufbewahrt wurde, hat es in sich! Befeuchte die Ränder der Öffnung mit Wasser und decke die Öffnung mit einer Münze zu. Lege deine Hände um den Flaschenbauch. Plötzlich wird das Geldstück wie von Geisterhand bewegt.
Die kalte Luft in der Flasche wird durch die Hände erwärmt und dehnt sich aus. Sie kann aber nicht entweichen, weil das Wasser zwischen Flaschenrand und Münze den Austritt verhindert. Immer, wenn der Druck groß genug ist, wirkt die Münze wie ein Ventil, sie hebt sich und läßt die warme Luft herausströmen.

Dicke Luft 79

Ziehe einen Luftballon über die Öffnung einer Flasche und stelle sie in einen Kochtopf mit kaltem Wasser. Läßt du das Wasser auf dem Herd erwärmen, füllt sich der Ballon zusehends mit Luft.
Die Luftteilchen in der Flasche wirbeln durch die Erwärmung durcheinander. Sie vergrößern dabei ihren gegenseitigen Abstand, und die Luft dehnt sich aus. Es entsteht ein Überdruck, der in den Ballon entweicht und ihn ausweitet. Nimmt man die Flasche aus dem Kochtopf, kühlt sich die Luft allmählich wieder ab, und der Ballon erschlafft.

80 Buddel-Thermometer

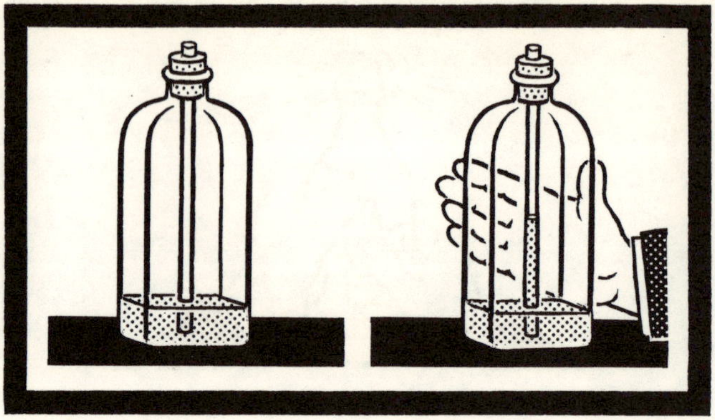

Gieße etwas gefärbtes Wasser in eine Flasche. Durchbohre den Korken und schiebe einen Trinkhalm so weit hindurch, daß er in die Flüssigkeit ragt. Dichte den Korken mit Klebstoff ab. Legst du deine Hand fest an die Flasche, steigt das Wasser im Röhrchen empor. Die eingeschlossene Luft dehnt sich bei Erwärmung aus und drückt auf den Wasserspiegel. Die verdrängte Flüssigkeit weicht in das Röhrchen aus und zeigt durch ihren Stand den Grad der Erwärmung an. Man kann an der Flaschenwand eine Skala anbringen.

81 Heißluftballon

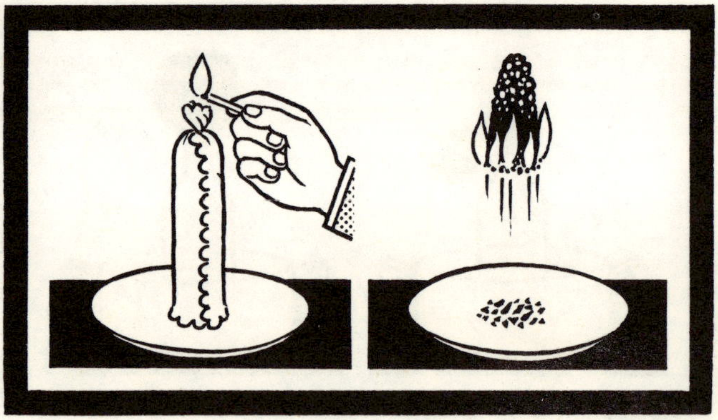

Wickle aus einer Papierserviette eine Röhre und drehe sie oben zu. Stelle sie senkrecht auf und zünde sie an der Spitze an. Noch während die untere Zone brennt, hebt sich das Aschengebilde in die Luft. Vorsicht!
Durch das Feuer erwärmt sich die vom Papier eingeschlossene Luft und dehnt sich aus. Der leichte, ballonartige Aschenrest erfährt einen erstaunlichen Auftrieb, weil erwärmte Luft entweichen kann, und der im Ballon verbleibende Rest dementsprechend leichter geworden ist. Hauchfeine Servietten sind für den Versuch weniger geeignet, da die Asche nicht fest genug ist.

Gedehntes Metall 82

Stecke in den Korken einer Flasche eine möglichst lange Stricknadel aus Aluminium und lasse das andere Ende unter leichtem Druck über die Öffnung einer zweiten Flasche ragen. Befestige mit Klebstoff auf einer Nähnadel einen Papierpfeil, der sich im Gleichgewicht befinden muß, und klemme sie zwischen Stricknadel und Flaschenhals. Stelle dann eine Kerze so auf, daß die Flammenspitze die Nadelmitte berührt, und achte auf den Pfeil. Der Pfeil macht eine beachtlich schnelle und weite Drehung rechts herum. Die Stricknadel dehnt sich nämlich – wie jeder andere Körper – bei Erwärmung aus. Bei einer gewöhnlichen Stahlstricknadel würde der Pfeil nur gering ausschlagen, denn Stahl dehnt sich nur halb soviel aus wie Aluminium. Da die Aluminiumnadel obendrein länger ist, wird der Unterschied noch größer. Deutlich sichtbar wird die Ausdehnung bei Überlandleitungen, die im Sommer wesentlich weiter durchhängen als im Winter. Wenn du die Kerze von der Stricknadel entfernst, dreht sich der Pfeil zurück.

83 Gesprengter Stein

Im Winter kannst du ohne weiteres dicke Steine sprengen. Suche einen Feuerstein, der gut durchgefroren ist, und übergieße ihn mit kochendem Wasser. Mit Knallen und Knakken birst er auseinander.
Die Sprengwirkung beruht darauf, daß die äußeren Schichten sich schneller erwärmen und ausdehnen als der Kern. Die auftretenden Spannungen lassen den Stein auseinanderplatzen. Auf gleiche Weise können dickwandige Gläser springen, in die man heiße Flüssigkeiten gießt. Glas leitet Wärme schlecht, und daher dehnen sich die Glasschichten verschieden stark aus.

84 Ein klarer Fall

Stelle in ein Trinkglas einen Löffel aus Stahl, einen aus Silber, einen aus Plastik, sowie ein Grogstäbchen aus Glas. Befestige an den Stielen jeweils in gleicher Höhe mit einem kleinen Butterklecks eine trockene Erbse. In welcher Reihenfolge fallen die Erbsen ab, wenn man in das Glas kochendes Wasser gießt?
Die Butter am Silberlöffel schmilzt sehr schnell und läßt die Erbse zuerst los. Es folgen später die Erbsen vom Stahllöffel und vom Glasstäbchen, während sich beim Plastiklöffel nichts rührt. Silber ist der weitaus beste Wärmeleiter, den es gibt, Plastik hingegen leitet Wärme kaum, weshalb man auch z. B. Kochtöpfe mit Plastikgriffen ausstattet.

Unbrennbares Tuch 85

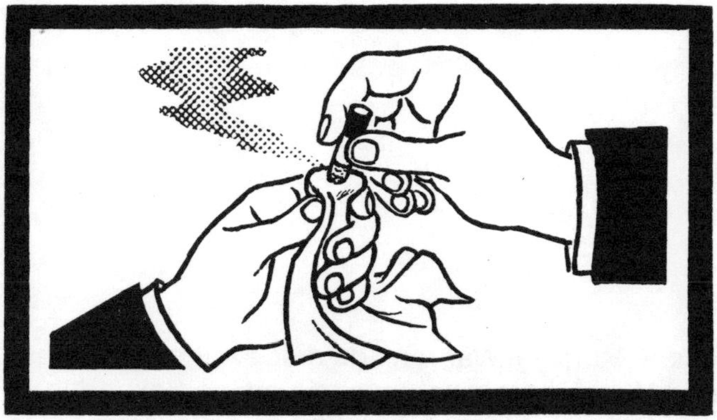

Lege ein Markstück unter ein baumwollenes Taschentuch und bitte einen Erwachsenen, seine brennende Zigarette auf dem über der Münze gespannten Tuch auszudrücken. Du brauchst nicht zu befürchten, daß das Tuch versengt wird. Tatsächlich bleibt nur ein harmloser Aschenfleck übrig.
Der Versuch beweist, daß das Metall der Münze ein viel besserer Wärmeleiter ist als das Baumwollgewebe. Beim raschen Ausdrücken der Zigarette wird die Hitze der Glut sofort vom Geldstück abgeleitet. Der Wärmevorrat reicht lediglich aus, die Münze schwach zu erwärmen. Die Baumwolle erreicht nicht die zum Verbrennen notwendige Temperatur.

Feuersperre 86

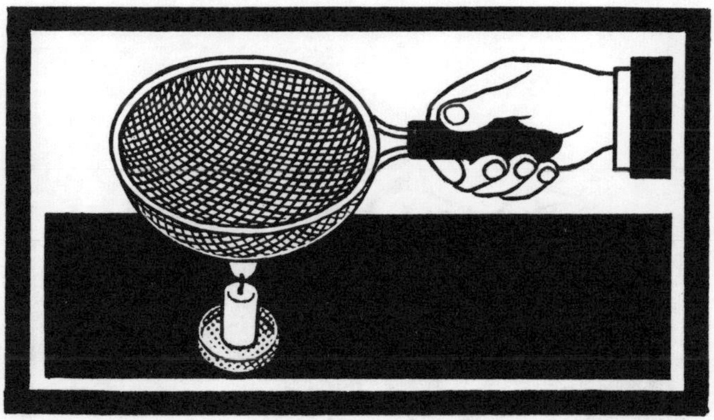

Halte ein Küchensieb aus Metall in eine Kerzenflamme. Zu deinem Erstaunen reicht die Flamme nur bis an das Drahtnetz, schlägt aber nicht hindurch.
Das Metall des Siebes leitet so viel Wärme ab, daß sich der Stearindampf der Kerze oberhalb des Drahtnetzes nicht entzünden kann. Die Flamme schlägt erst durch das Metallgitter, wenn es bei stärkerer Erhitzung zum Glühen gebracht wird. Die Sicherheitslampe des Bergmannes funktioniert ganz ähnlich: Ein Metallgitter, das die offene Flamme umgibt, schluckt so viel Wärme, daß sich im Stollen befindliche Gase nicht entzünden können.

87 Münzen riechen

In einer Plastikschale liegen 3 verschiedene Münzen. Während du deine Augen geschlossen hältst, soll eine andere Person eine Münze herausnehmen, sie einige Sekunden in der geschlossenen Hand halten und wieder zurücklegen. Du hältst nun die Geldstücke nacheinander kurz an deine Oberlippe und findest zum großen Erstaunen aller sofort heraus, welche Münze aus der Schale genommen wurde.
Da Metalle hervorragende Wärmeleiter sind, erwärmt sich die Münze sofort in der Hand. Plastik aber ist ein schlechter Leiter. Daher geht in der Schale kaum Wärme verloren, wenn das Geldstück zurückgelegt wird. Die besonders gefühlsempfindlichen Lippen verraten dir aber den geringsten Temperaturunterschied der Münzen, und du entdeckst die gesuchte sofort. Bevor man den Trick wiederholt, empfiehlt es sich, die Münzen auf den kühlen Steinfußboden zu legen, um die Wärme abzuleiten.

Feuer unter Wasser 88

Klebe einen Kerzenstummel durch Erwärmen des unteren Endes in eine Schüssel und fülle kaltes Wasser bis knapp unter den Rand der Kerze hinein. Zündest du den Docht an, brennt sie bis zum Wasserspiegel nieder. Danach höhlt die Flamme die Kerze zu einem tiefen Trichter aus. Eine hauchdünne Stearinwand bleibt ringsum erhalten und verhindert, daß das Wasser die Flamme auslöscht.
Das Wasser entzieht der Kerze so viel Wärme, daß ihre äußere Schicht nicht die Schmelztemperatur erreicht. Das Stearin kann hier folglich nicht verdampfen und verbrennen.

Kochtopf aus Papier 89

Hättest du gedacht, daß man in einem Papierbecher über offener Flamme oder in der Glut eines Feuers Wasser kochen kann? Stecke eine Stricknadel durch den Rand eines mit etwas Wasser gefüllten Papierbechers, hänge ihn zwischen zwei stehenden Flaschen auf und zünde unter dem Becher eine Kerze an. Nach einiger Zeit kocht das Wasser – der Becher ist jedoch nicht einmal angesengt.
Das Wasser entzieht die auf das Papier übertragene Wärme und beginnt bei einer Temperatur von 100 Grad C zu kochen. Weiter erwärmt sich das Wasser nicht, folglich erreicht das Papier auch nicht die Temperatur, die für seine Verbrennung nötig ist.

Verdunsten und Verdampfen

Düsenboot 90

Bohre von innen her ein Loch in den Schraubdeckel eines 10 cm langen Tablettenröhrchens aus Aluminium und fülle etwas Wasser hinein. Klemme das Röhrchen in eine leere Sardinenbüchse, in der du drei kurze Kerzenstummel befestigt hast. Zündest du sie an, kommt das Wasser bald zum Kochen, und der nach hinten entweichende Dampfstrahl treibt das Boot.
Beim Kochen entsteht im Bootskessel Wasserdampf. Da er sich stark ausdehnt, entweicht er mit großem Druck durch die Düse und bewirkt einen Rückstoß. Mache den Versuch bei Windstille!

Luftkissenfahrzeuge 91

Lege einen Blechdeckel von einer Büchse auf die Herdplatte und erhitze ihn gut. Vorsicht! Läßt du dann auf den Deckel ein paar Wassertropfen fallen, kannst du ein kleines Naturwunder beobachten. Wie Luftkissenfahrzeuge schweben die Tropfen frei in der Luft und sausen eine Weile zischend hin und her.
Die Wassertropfen beginnen sofort bei Berührung mit dem erhitzten Metall an ihrer Unterseite zu verdampfen. Da der Dampf mit großem Druck entweicht, hebt er die Tropfen in die Höhe. Wasserdampf ist ein schlechter Wärmeleiter, folglich erreichen die Tropfen nicht die Siedetemperatur von 100° C und können nicht auf einmal verkochen.

92 Regen im Zimmer

Ein Regen nach schwülen Tagen läßt plötzlich die Fensterscheiben von innen beschlagen. Durch die Lupe erkennst du winzige Wassertropfen. Woher kommen sie?
Nach dem Regen kühlt sich die Luft draußen stark ab, weil das Wasser verdunstet und dabei Wärme verbraucht. Die warme Zimmerluft, die besonders von der Küche her mit Wasserdampf gesättigt ist, kühlt sich nur langsam am Fensterglas ab. Kühle Luft aber kann nicht soviel Feuchtigkeit halten wie warme, und daher verliert sie einen Teil davon an der Scheibe. Es bilden sich Wassertropfen – genau wie bei einem Regen draußen –, wenn warme, feuchte Luftmassen auf kalte stoßen.

93 Wetterstation

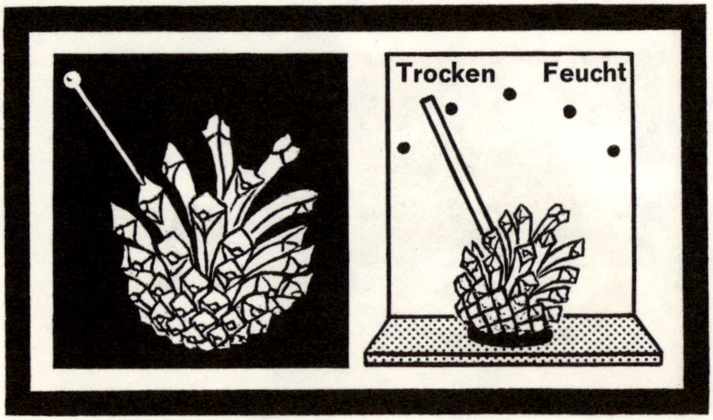

Befestige auf einem kleinen Brettchen mit Siegellack oder Klebstoff einen trockenen Kiefernzapfen. Stich in eine der mittleren Schuppen eine Stecknadel und stecke darüber einen Strohhalm. Stelle das Brett regengeschützt nach draußen. Der Strohhalm bewegt sich je nach Wetterlage. Bringe eine Skala an.
Diesen einfachen Feuchtigkeitsmesser hat die Natur gebaut. Vor dem Regen schließen sich die Kiefernzapfen, um die Samen vor Nässe zu schützen. Die Außenseite der Schuppen nimmt die Luftfeuchtigkeit auf, quillt und verzieht sich – ein Vorgang, den du auch bei einem Stück Pappe beobachten kannst, das auf einer Seite naß wird.

Feuchtigkeitsmesser 94

Bestreiche einen 5 cm langen Streifen Schreibpapier mit Alleskleber und rolle ihn auf eine Nähnadel. An sein Ende klebst du nun einen 1 cm breiten und 20 bis 30 cm langen Hochglanzfoto-Streifen, so daß seine Glanzschicht zu der mit Alleskleber bestrichenen Seite des Schreibpapiers zeigt. Der Fotostreifen wird wie eine Uhrfeder um die Nadel gerollt. In eine Cremedose stichst du in der Mitte von Boden und Deckel je ein feines Loch, in den Boden außerdem noch Luftlöcher. Die dabei entstehenden Metallzacken werden abgefeilt. Setze die Nadel in die Mittellöcher ein und klebe das Ende des Fotostreifens an der Dosenwand fest. Befestige vorn an der Nadel einen Papierpfeil mit einer Korkscheibe, hinten eine Perle.
Die Gelatineschicht des Fotostreifens dehnt sich – im Gegensatz zu seiner Papierschicht – bei zunehmender Luftfeuchtigkeit aus, bewirkt eine stärkere Krümmung und eine Zeigerbewegung nach rechts. Wenn die Luftfeuchtigkeit abnimmt, dreht sich der Zeiger nach links, weil sich die Papier-Spirale zurückrollt.

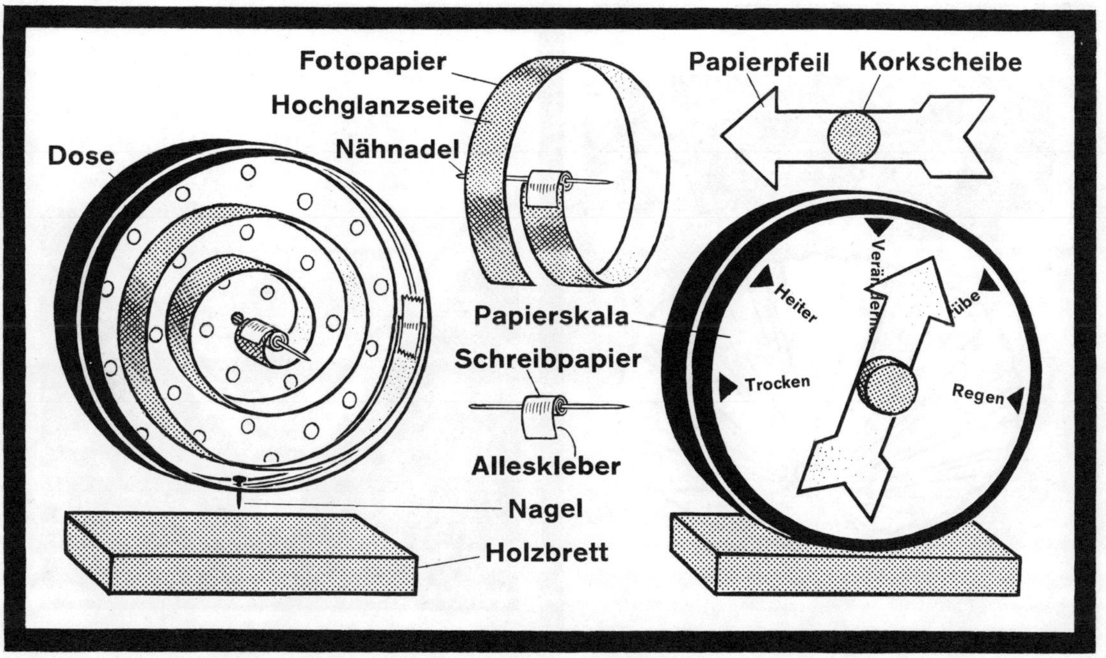

95 Wasser aus der Wüste

Noch immer liest man in den Zeitungen, daß Menschen in der Wüste verdursten. Dabei könnte sich mancher in der Not selbst helfen. Ein Versuch in verkleinertem Maßstab in der Sandkiste zeigt dir, wie man es macht. Grabe eine ziemlich tiefe Grube und stelle einen Becher in ihre Mitte. Breite über den Grubenrand ein entsprechend großes Stück durchsichtige Plastikfolie und lege einen kleinen Stein so auf ihre Mitte, daß sie trichterförmig bis zum Becher durchhängt. Die Ränder werden im Sand festgesteckt. Es bilden sich bald, besonders bei Sonnenbestrahlung, kleine Wassertröpfchen an der Unterseite der Folie. Sie werden größer und größer und fließen schließlich in den Becher.
Durch die Sonneneinwirkung erwärmt sich der Boden unter der Folie stark. Die im Sand enthaltene Feuchtigkeit verdunstet, bis die eingeschlossene Luft so gesättigt ist, daß sich an der kühleren Folie Wassertröpfchen absetzen. Selbst der Wüstensand enthält noch Feuchtigkeit. Wenn man in die Grube zusätzlich zerschnittene Kakteen legt, gewinnt man genügend Wasser, um zu überleben.

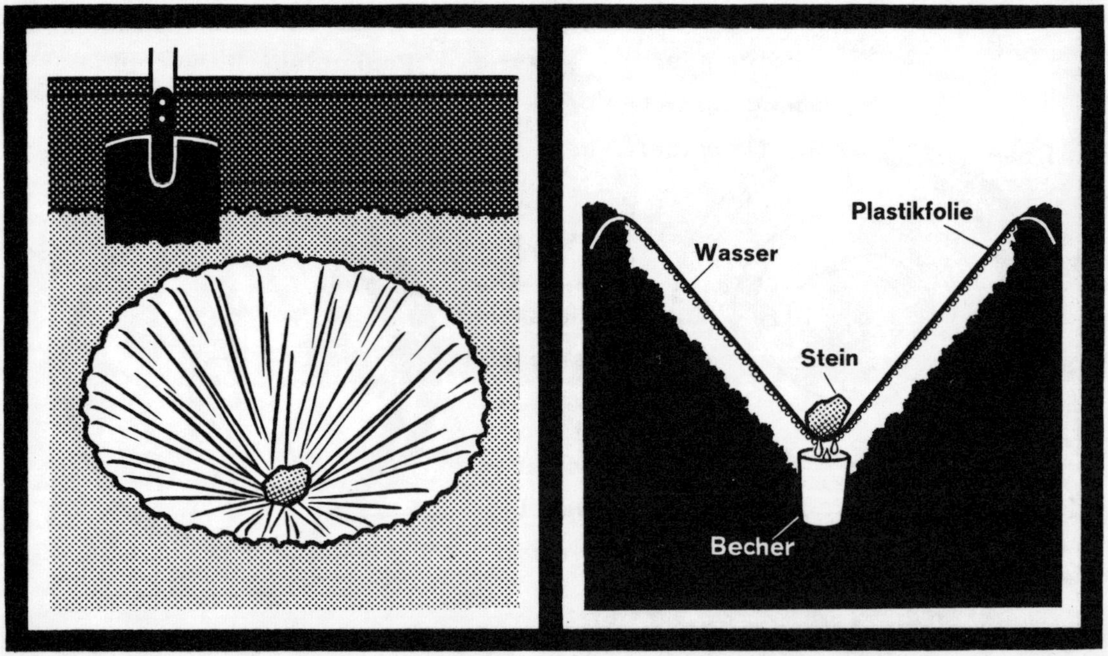

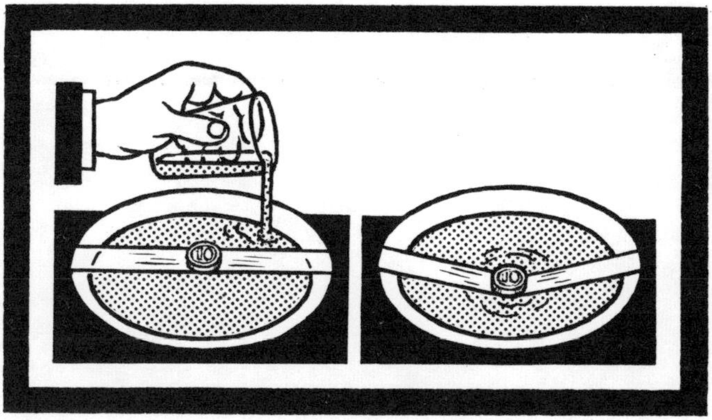

Badelustige Münze 96

Spanne einen 2 cm breiten Streifen Einmach-Cellophan (nicht Kunststoff-Folie) straff über einen Suppenteller und befestige die Enden mit Klebefilm. Lege auf die Mitte des Streifens ein Zehnpfennigstück und gieße bis ca. 1 cm unter die Münze Wasser in den Teller. Die Münze senkt sich langsam und erreicht nach mehreren Minuten das Wasser. Das Wasser verdunstet, und das Cellophan nimmt die Wasserteilchen aus der Luft auf. Es dehnt sich dadurch aus, bis es ins Wasser reicht. Aber eigenartigerweise beginnt es sich bald danach wieder zu straffen, und die Münze steigt langsam in ihre ursprüngliche Lage.

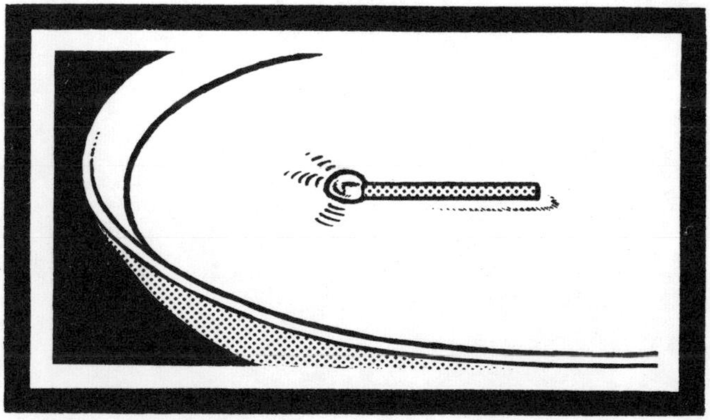

Dampfboot 97

Brich den Kopf eines Streichholzes ab und tropfe auf das Ende etwas Alleskleber. Legst du das Hölzchen in einen Teller mit Wasser, bewegt es sich ruckweise vorwärts.
Der Klebstoff enthält ein Lösungsmittel, das sich als Dampf verflüchtigt. In unsichtbaren Wölkchen pufft er aus dem Tropfen heraus und gibt dem Hölzchen jedesmal einen kleinen Ruck. Nach und nach entweicht so viel vom Lösungsmittel, daß der Klebstoff fester wird. In einem getrockneten Alleskleber-Tropfen kann man die restlichen Dämpfe des Lösungsmittels noch als Bläschen erkennen.

Kälte und Eis

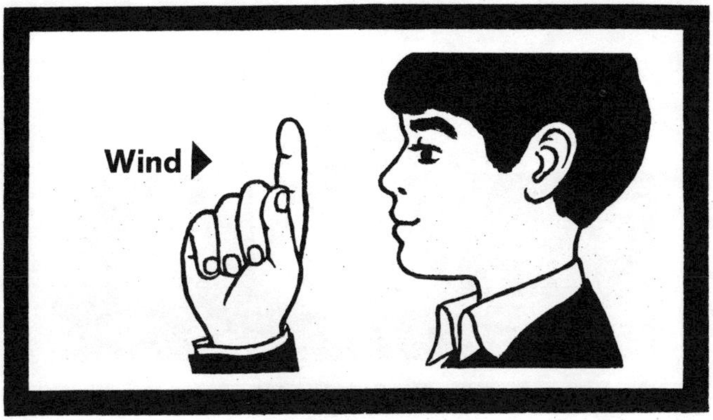

Woher kommt der Wind 98

Feuchte einen Finger an und halte ihn senkrecht in die Luft. Du spürst sofort, daß eine Seite des Fingers kühl wird. Das ist die Richtung, aus der der Wind kommt.
Beim Verdunsten oder Verdampfen einer Flüssigkeit wird Wärme verbraucht. Der Wind beschleunigt das Verdunsten der Feuchtigkeit am Finger, und man merkt selbst bei einem schwachen Luftzug den größeren Wärmeverlust auf der dem Wind zugewandten Seite. Wer nach dem Baden den nassen Badeanzug anbehält, friert selbst bei Hitze. Das Wasser entzieht dem Körper die Wärme, die es zum Verdunsten braucht.

Kälteerzeugung 99

Befestige mit einem Gummiring über dem Quecksilberkügelchen eines Zimmerthermometers einen Wattebausch. Merke dir die Temperatur, befeuchte ihn dann mit Kölnischwasser und lasse das Thermometer eine Weile an einer Schnur in der Luft kreisen. Die Temperatur ist danach beachtlich gesunken.
Der im Kölnischwasser enthaltene Alkohol verdampft rasch und verbraucht dabei Wärme. Beim Schleudern wird durch den Wind der Vorgang beschleunigt und der Wärmeverbrauch gesteigert. In einem Kühlschrank verdampft in einem Behälter eine chemische Flüssigkeit. Die dazu benötigte große Wärmemenge gibt das Speisefach ab.

100 Eissäule

Stelle ein bis zum Rand mit Wasser gefülltes Tintenfaß ins Gefrierfach. Bald ragt eine Eissäule aus der Flasche.
Wasser verhält sich sonderbar: Wenn warmes Wasser abkühlt, zieht es sich zusammen. Sinkt aber seine Temperatur unter 4 Grad C, dehnt es sich plötzlich wieder aus. Bei 0 Grad beginnt es zu gefrieren und vergrößert dabei seinen Rauminhalt sogar um $^1/_{11}$. Das ist der Grund, warum das Eis aus deiner Flasche ragt. Hättest du sie verschlossen, wäre sie gesprungen. Denke an geplatzte Wasserrohre im Winter und Frostaufbrüche auf Straßen, wobei unterm Asphalt angesammeltes Wasser gefriert.

101 Eisberg

Lege einen Eiswürfel in ein Trinkglas und fülle das Glas bis zum Rand mit Wasser. Der Eiswürfel schwimmt und ragt ein Stück über die Oberfläche hinaus. Wird das Wasser überlaufen, wenn der Eiswürfel schmilzt?
Nein. Beim Gefrieren dehnt sich das Wasser um $^1/_{11}$ seines Rauminhaltes aus. Das Eis ist daher leichter als Wasser, schwimmt an der Wasseroberfläche und ragt über diese hinaus. Beim Schmelzen verliert es die größere Ausdehnung und füllt genau den Raum, den der Eiswürfel im Wasser einnahm. Eisberge, die die Schiffahrt gefährden, sind deshalb besonders heimtückisch, weil man nur ihre Spitze über dem Wasser sieht.

Durchstoßenes Eis 102

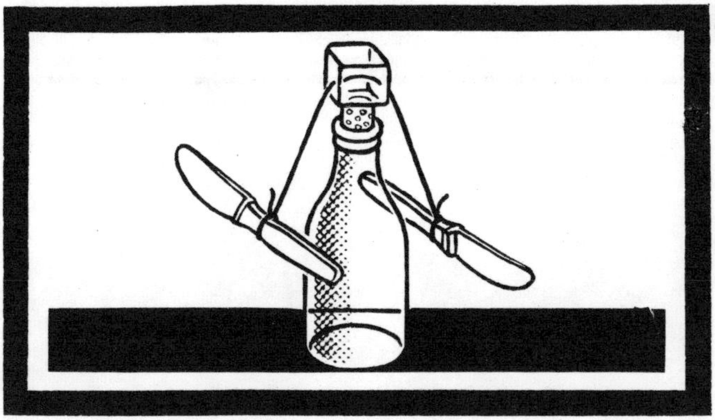

Lege auf den Korken einer Flasche einen Eiswürfel. Befestige an einem Stück dünnen Draht zwei gleichschwere Gegenstände, hänge den Draht über das Eis und stelle das Ganze bei Frost ins Freie. Nach gewisser Zeit hat der Draht das Eis durchschnitten, ohne daß es zertrennt worden ist.

Das Kunststück der Natur erklärt sich aus der Tatsache, daß Eis schmilzt, wenn es einem Druck ausgesetzt ist. Wo der Draht aufliegt, bildet sich Schmelzwasser, während es gleich darüber wieder gefriert. – Das Schlittschuhlaufen wird erst durch leichtes Schmelzen des Eises unter den Laufflächen möglich, wobei die Reibung geringer wird.

Eisangeln 103

Wer kann mit einem Streichholz einen Eiswürfel aus einer Schüssel mit Wasser angeln? Mit einem Trick geht es ganz leicht: Lege das Hölzchen auf den Eiswürfel und streue etwas Salz darüber. Im Nu ist das Hölzchen festgefroren, und du kannst es zusammen mit dem Eiswürfel aus der Schüssel heben.

Salzwasser gefriert nicht so leicht wie reines Wasser, und ausgestreutes Salz bringt Eis zum Schmelzen. Die Salzkörnchen auf dem Eiswürfel tun das auch. Beim Schmelzen eines Körpers wird aber gleichzeitig Wärme verbraucht. Diese wird hier der Feuchtigkeit unter dem Hölzchen entzogen, die kein Salz abbekommen hat – sie gefriert.

Allerlei mit Flüssigkeiten

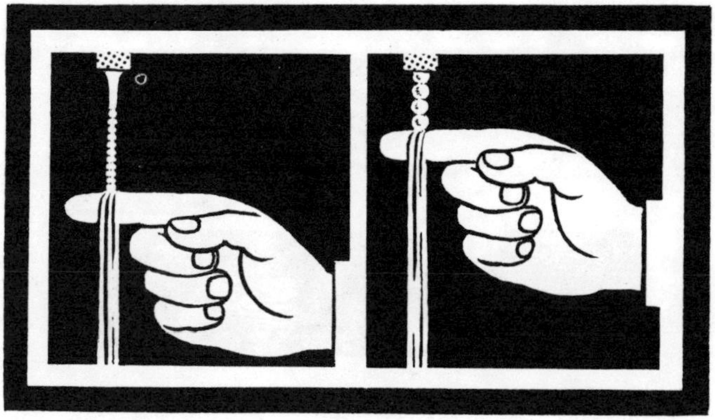

Perlenkette 104

Lasse auf einen etwa 5 cm unter den Wasserhahn gehaltenen Finger einen feinen Wasserstrahl laufen. Schaust du genau hin, entdeckst du im Wasser ein rätselhaftes, wellenartiges Muster.
Wenn du den Finger dem Wasserhahn näherst, nehmen die Wellen immer mehr Kugelform an, bis der Wasserstrahl einer Perlenkette ähnelt. Er wird über dem Finger so stark gestaut, daß er sich infolge der Oberflächenspannung – der Kraft, die die Wasserteilchen zusammenhält – in runde Tropfen teilt. Entfernst du den Finger weiter vom Hahn, wird die Fallgeschwindigkeit des Wassers größer und die Tropfenbildung undeutlicher.

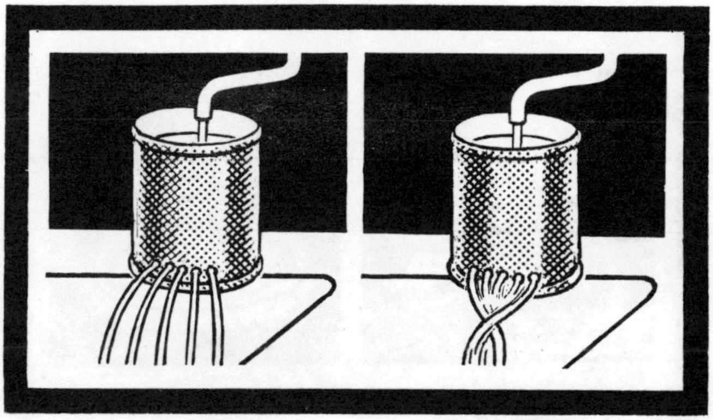

Wasserknoten 105

Eine leere Ein-Kilo-Konservendose wird knapp über dem unteren Rand fünfmal mit einem 2 mm dicken Nagel durchlöchert. Das erste Loch soll 3 cm vom fünften entfernt sein. Stelle die Dose unter einen fließenden Wasserhahn, und es kommt aus jedem Loch ein Strahl. Fährst du mit dem Finger über die Löcher, vereinen sich die Strahlen.
Die Wasserteilchen ziehen sich gegenseitig an und erzeugen eine in das Flüssigkeitsinnere wirkende Kraft, die Oberflächenspannung. Sie ist es auch, die einen Wassertropfen zusammenhält. In unserem Versuch wird die Kraft besonders deutlich, sie lenkt die Strahlen im Bogen zur Seite ab und verknotet sie.

106 Wasserberg

Fülle ein trockenes Glas gestrichen voll Leitungswasser, ohne daß etwas überläuft. Lasse behutsam Münzen in das Glas gleiten, eine nach der anderen. Beobachte, wie sich das Wasser über dem Glas wölbt.
Es ist verblüffend, wie viele Geldstücke du hineintun kannst, ohne daß Wasser überschwappt. Der Wasserberg wird, wie von einer feinen Haut überzogen, von der Oberflächenspannung gehalten. Schließlich kann man noch den Inhalt eines Salzstreuers langsam ins Glas schütten. Das Salz löst sich, ohne daß der Wasserberg abläuft.

107 Schiff auf hoher See

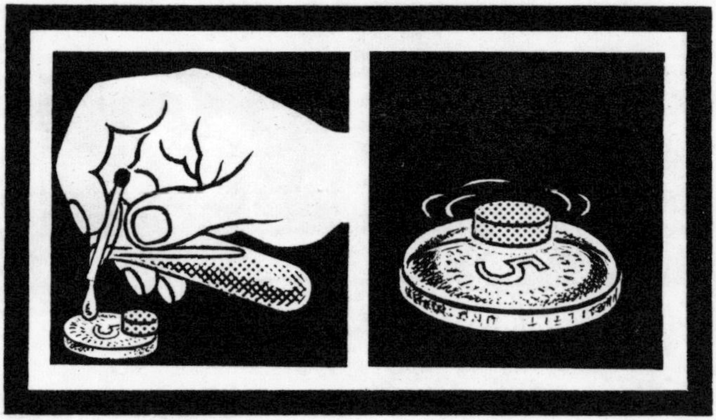

Lege ein Fünfmarkstück auf den Tisch und auf eine Seite der Münze eine dünne Korkscheibe. Wie läßt sich der Korken, ohne daß man ihn berührt, genau auf die Mitte der Münze bringen?
Gieße Wasser auf das Geldstück – tropfenweise, damit nichts überschwappt – daß sich ein Wasserberg über der Münze bildet. Anfangs hält die Schwerkraft den Korken am Rande der leicht gewölbten Wasserfläche. Gießt man mehr nach, steigt der Druck des Wassers am Rande, während er auf der Kuppe gleichbleibt. Der Korken wandert folglich bergauf bis zur Mitte, wo der geringste Druck herrscht.

Schwimmendes Metall 108

Fülle eine Schüssel mit Leitungswasser. Lege auf Löschpapier kleine Metallgegenstände und bringe es mit einer Gabel vorsichtig in das Gefäß. Nach einer Weile sinkt das vollgesogene Löschpapier, aber die kleinen Körper schwimmen weiterhin oben.
Da Metall schwerer als Wasser ist, müßte es eigentlich zu Boden sinken. Die Flüssigkeitsteilchen werden von einer geheimnisvollen Kraft, der Oberflächenspannung, so stark zusammengehalten, daß sie ein Versinken der Gegenstände verhindern. Durch Seife wird die Oberflächenspannung zerstört.

Wasserdichtes Sieb 109

Fülle eine Milchflasche mit Wasser und befestige mit einem Gummiring ein ca. 5×5 cm großes Stück Drahtgaze über der Öffnung. Lege eine Hand darüber und drehe die Flasche auf den Kopf. Ziehst du nun die Hand fort, läuft kein Wasser heraus.
Wo Wasser mit Luft in Berührung kommt, schließt es sich infolge der Oberflächenspannung hautartig ab. Jede Öffnung des Drahtgitters ist so gut abgedichtet, daß weder Luft einströmen noch Wasser ausfließen kann. Ebenso gelangen durch die feinen Löcher des Zellstoffes, der durch eine Imprägnierung wasserabstoßend gemacht wurde, Regentropfen auf Grund ihrer Oberflächenspannung nicht hindurch.

110 Seiltrick

Knote ein Stück Faden zu einer Schlinge zusammen und lasse sie in einem Gefäß mit Wasser schwimmen. Tauchst du ein Zündholz in die Mitte der unregelmäßig geformten Schlinge, wird sie sofort kreisrund.
Die Zauberkraft hat das Hölzchen, weil es vorher mit ein wenig Geschirrspülmittel betupft wurde. Dieses verteilt sich beim Eintauchen nach allen Seiten und dringt zwischen die Wasserteilchen, die durch die Oberflächenspannung hautartig zusammengehalten werden. Diese »Wasserhaut« reißt blitzartig von der Eintauchstelle her auf. Die in Bewegung geratenen Flüssigkeitsteilchen stoßen gegen die Schlinge und straffen sie.

111 Schnellboote

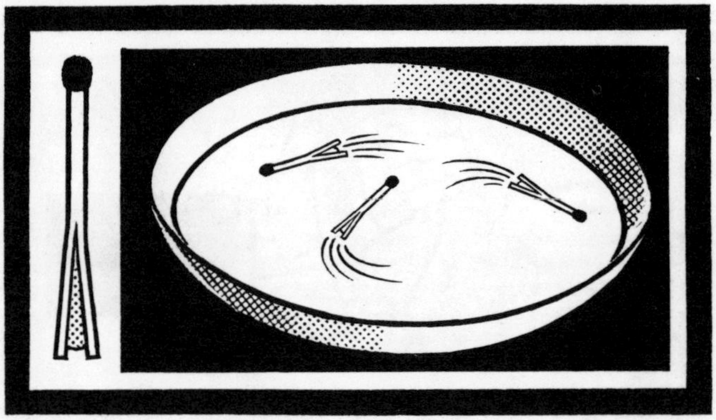

Spalte ein Zündholz am hinteren Ende leicht auf und schmiere etwas weiche Seife in den Schlitz. Legst du das Holz in einen Teller mit Leitungswasser, bewegt es sich eine ganze Weile rasch vorwärts. In einer Badewanne können mehrere Hölzchen zugleich ein Wettrennen ausführen.
Die sich allmählich auflösende Seife zerstört die Oberflächenspannung des Wassers nach und nach. Es kommt zu einer Bewegung der Flüssigkeitsteilchen nach hinten, die als Gegenwirkung ein Voranschnellen des Hölzchens zur Folge hat. Mit einem Tropfen Spülmittel anstelle der Seife würde die Bewegung blitzartig erfolgen.

Elastische Haut 112

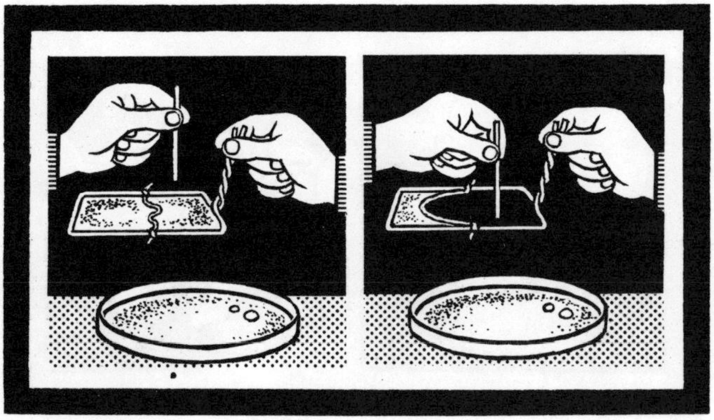

Biege aus dünnem Draht einen ca. 3×8 cm großen Rahmen und binde über deren Mitte lose einen Faden. Tauchst du den Rahmen in einen Teller mit etwas Geschirrspülmittel, spannt sich eine Seifenhaut über den Draht. Stichst du sie in der einen Hälfte auf, springt der Faden zur anderen Seite und spannt sich bogenförmig.
Schon beim Herausheben des Rahmens aus der Spülflüssigkeit merkt man, daß ein Widerstand zu überwinden ist, wenn sich die Seifenhaut bildet. Es ist die Kraft, die die Flüssigkeitsteilchen zusammenhält. Beim Aufstechen der Haut zeigt sie sich wieder, wenn sie den verbleibenden Rest zusammenzieht.

Kleine Eisenbahn 113

Entferne den Faden aus dem Drahtrahmen des vorigen Versuches und lege ein gerades Stück Draht lose über die Mitte. Tauche das Ganze in Spülflüssigkeit, so daß sich wieder eine feine Haut darüberspannt. Stich sie auf einer Seite durch, und ruckartig rollt das Drahtstück zum anderen Ende des Rahmens hin.
Die Flüssigkeitsteilchen ziehen einander so stark an, daß die Seifenhaut fast so elastisch ist wie eine gespannte Luftballonhaut. Wenn man den Zusammenhalt der Teilchen auf einer Seite unterbricht, gewinnt die Anziehungskraft auf der anderen das Übergewicht, zieht die Flüssigkeitsreste herüber und rollt sogar den Draht mit.

114 Seifenblasen

In jeder weggeworfenen Spülmittelflasche stecken noch tausend Seifenblasen! Schneide das untere Drittel der Flasche ab und mische darin 10 Teelöffel Wasser mit dem Spülmittelrest. In die Kappe bohrst du ein Loch, stecke da einen Strohhalm hinein und in die Düse ein Streichholz. Nimm etwas Flüssigkeit in das Pfeifchen und puste!
Durch die Oberflächenspannung sind die flüssigen Teilchen in der Seifenblasenhaut von außen und von innen verdichtet. Sie halten so fest zusammen, daß sie die aus dem Pfeifchen strömende Luft umschließen. Dabei nehmen sie die Form mit der kleinsten Oberfläche an, die Kugel.

115 Windbeutel

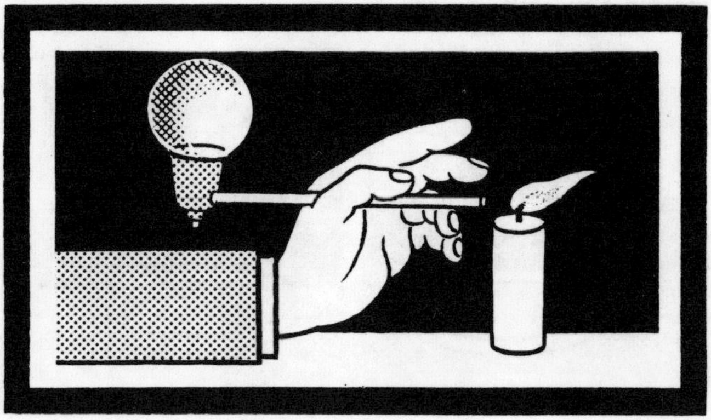

Lasse eine große Seifenblase, die auf dem Pfeifchen sitzt, nicht fortfliegen, sondern halte die Öffnung des Strohhalms mit dem Finger zu. Bringe sie nahe an eine Kerzenflamme und nimm dann deinen Finger weg. Die Flamme neigt sich zur Seite, während die Seifenblase kleiner wird und verschwindet.
Obwohl eine Seifenblasenhaut meist weniger als ein Tausendstel Millimeter dünn ist, hat sie doch soviel Kraft, die Luft im Innern zusammenzudrücken. Gibt man die Öffnung des Strohhalms frei, ziehen sich die Flüssigkeitsteilchen infolge der Oberflächenspannung wieder zum Tropfen zusammen und pressen dabei die Luft heraus.

Wasserrose 116

Schneide aus glattem Schreibpapier eine blütenartige Figur, male ihre Oberfläche mit Buntstiften an und falte die Blätter fest nach innen. Legst du die Rose aufs Wasser, kannst du das Öffnen der Blütenblätter im Zeitlupentempo beobachten.
Das Papier besteht zum größten Teil aus pflanzlichen Fasern, die wie hauchfeine Schläuche gebildet sind. In diesen sogenannten Kapillarröhrchen steigt das Wasser hoch. Das Papier quillt auf; und ähnlich wie die Blätter einer welken Pflanze, die man ins Wasser stellt, richten sich die Zacken der künstlichen Rose auf.

Glücksspiel 117

Stelle in einen möglichst hohen Glasbehälter ein kleines Schnapsglas und fülle ihn mit Wasser. Versuche nun in das Schnapsglas Münzen fallen zu lassen. Es ist sehr verblüffend, so sorgsam man auch zielt, die Geldstücke gleiten fast immer zur Seite weg.
Es gelingt einem recht selten, eine Münze wirklich senkrecht ins Wasser zu bringen. Die geringste Schräglage genügt, schon wirkt ein größerer Widerstand des Wassers auf die nach unten geneigte Seite der Münze. Da ihr Schwerpunkt genau in der Mitte liegt, dreht sie sich leicht und treibt zur Seite ab.

Von schwimmenden Körpern und dem Auftrieb

Gewichtsabnahme 118

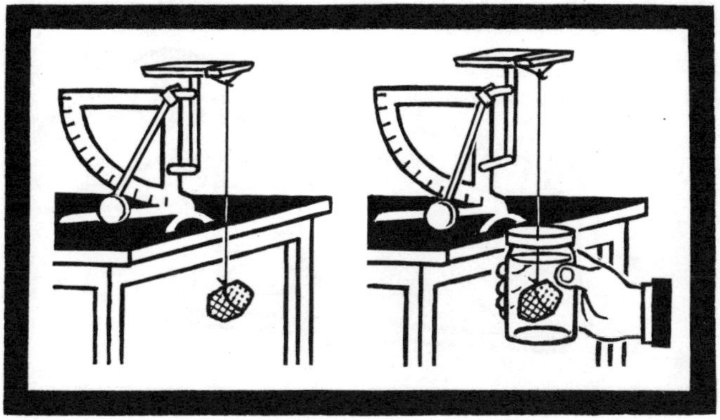

Binde einen Stein mit einem Faden an eine Briefwaage. Merke dir das Gewicht. Verändert es sich wohl, wenn du den Stein in ein Gefäß mit Wasser hängen läßt?
Wenn man beim Baden einen größeren Stein unter Wasser anhebt, wundert man sich zuerst über sein scheinbar geringes Gewicht. Hebt man ihn aber über die Wasseroberfläche hinaus, merkt man, wie schwer er in Wirklichkeit ist. Tatsächlich nimmt ein in eine Flüssigkeit (oder in ein Gas) getauchter Gegenstand an Gewicht ab. Bei einem schwimmenden Gegenstand wird das ja besonders deutlich. Beachte den nächsten Versuch.

Das archimedische Prinzip 119

Fülle ein Gefäß bis zum Rand mit Wasser und wiege es ab. Setze dann auf das Wasser einen Holzklotz. Dabei geht ein Teil der Flüssigkeit verloren. Wiege nach, ob sich das Gewicht dadurch verändert hat.
Das Gewicht ist gleichgeblieben. Das über das Glas gelaufene Wasser wiegt genausoviel wie der ganze Holzklotz. Der berühmte Mathematiker Archimedes fand um 250 v. Chr. heraus, daß ein Körper in einer Flüssigkeit so viel an Gewicht verliert, wie die von ihm verdrängte Flüssigkeitsmenge wiegt. Diesen scheinbaren Gewichtsverlust nennt man Auftrieb.

120 Wasser-Problem

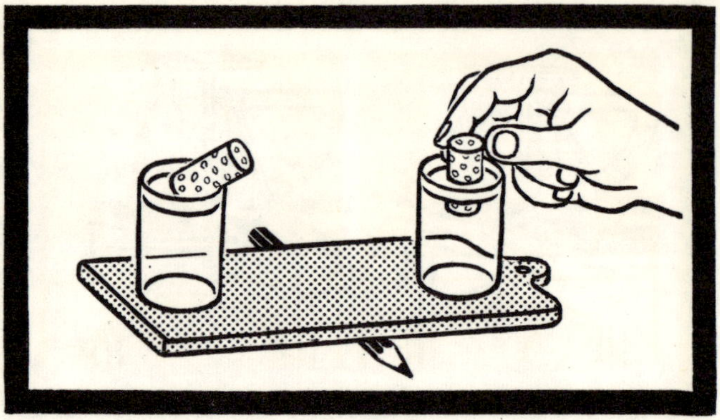

Lege über einen sechskantigen Bleistift ein Frühstücksbrettchen oder Holzlineal und bringe darauf zwei gefüllte Wassergläser wie auf einer Waage ins Gleichgewicht. Was geschieht, wenn du im Wasser des einen Glases einen Korken untertauchst, während du gleichzeitig auf das andere Glas einen gleichgroßen Korken legst? Bekommt die Waage Übergewicht? Wenn ja, auf welcher Seite?
Die Waage neigt sich auf der Seite, wo du den Korken im Glas untertauchst. Dieses nimmt nämlich um genau soviel an Gewicht zu, wie das vom Korken verdrängte Wasser wiegt. Das andere Glas wird nur um soviel schwerer, wie der Korken selbst wiegt.

121 Rätselhafte Wasserstände

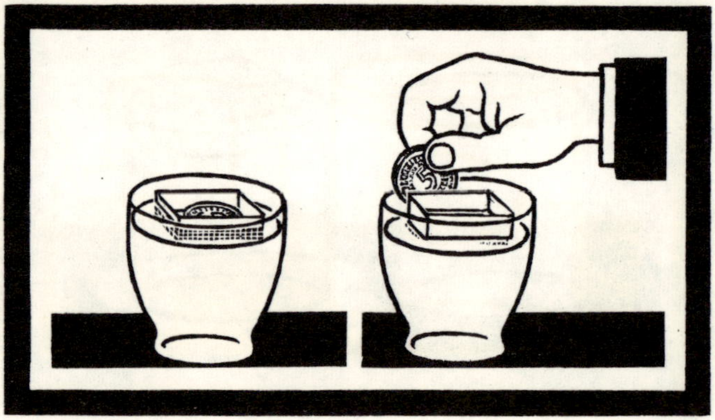

Lege ein Fünfmarkstück in eine Zündholzschachtel und lasse sie in einem Glas mit Wasser schwimmen. Markiere an der Glaswand den Wasserstand. Wird dieser steigen oder fallen, wenn du die Münze aus der Schachtel nimmst und im Wasser versenkst? Denke erst einmal nach!
Der Wasserstand fällt. Da das Geldstück fast zehnmal schwerer als Wasser ist, verdrängt die mit der Münze beladene Schachtel wegen ihres größeren Rauminhaltes auch zehnmal mehr Wasser als die Münze allein. Diese nimmt trotz ihres großen Gewichtes ja nur einen geringen Raum ein und verdrängt somit auch nur eine geringe Wassermenge.

Wer hat die größte Faust? 122

Stelle ein Gefäß mit Wasser auf eine Waage und merke dir das Gewicht. Tauche deine Faust ein, ohne das Gefäß zu berühren und Wasser überlaufen zu lassen. Anhand des Gewichtsunterschiedes kannst du nun den Rauminhalt deiner Faust bestimmen.
Die Waage zeigt, wie wir aus vorangegangenen Versuchen wissen, genau soviel mehr an, wie die von der Faust verdrängte Wassermenge wiegt. Da aber 1 Liter Wasser bei 4 Grad Celsius 1000 Gramm wiegt, entspricht folglich ein Gramm einem Kubikzentimeter Wasser. Zeigt sich also beim Eintauchen eine Gewichtszunahme von 300 Gramm, so hat die Faust einen Rauminhalt von 300 Kubikzentimeter.

Schwebendes Ei 123

Fülle ein Glas zur Hälfte mit Wasser und löse reichlich Salz darin auf. Gieße nun ganz vorsichtig über einen Löffel, damit sich die beiden Flüssigkeiten nicht vermischen, ebensoviel Leitungswasser dazu. Ein hineingelegtes Ei schwebt wie verzaubert in der Mitte des Glases.
Da das Ei schwerer als Leitungswasser, aber leichter als Salzwasser ist, sinkt es nur bis zur Mitte des Glases und schwimmt auf dem Salzwasser. – Anstelle des Eies kannst du auch eine rohe Kartoffel nehmen. Schnitze daraus einen rundlichen »Zauberfisch« und mache Flossen und Augen aus farbiger Plastikfolie.

124 Mottenkugel-Tanz

Fülle in ein Glas mit Wasser etwas Essig und doppeltkohlensaures Natron. Wirf einige Mottenkugeln, die du vorher spaßeshalber mit Buntstift anmalen kannst, in das perlende Bad. Nach einer Weile tanzen die Kugeln lustig auf und ab.
Da die Mottenkugeln um ein weniges schwerer als Wasser sind, sinken sie auf den Boden des Gefäßes. Die bei der chemischen Umwandlung von Natron und Essig freiwerdende Kohlensäure sammelt sich in Bläschen auf den Kugeln an und hebt sie langsam an die Oberfläche des Wassers. Dort entweichen die Bläschen, die Kugeln sinken wieder, und das Spiel beginnt von neuem.

125 Perlentaucher

Stecke ein Streichholz etwa 2 mm tief in eine farbige Plastikperle. Verkürze es, daß sein Ende gerade noch an der Wasseroberfläche schwimmt, wenn du die Perle in eine Milchflasche voll Wasser setzt. Schließe diese mit einer Plastikkappe. Bei wechselnd starkem Druck auf die Kappe taucht die Perle wie verzaubert auf und unter.
Plastik ist nur geringfügig schwerer als Wasser. Das Hölzchen und die Luft im Loch der Perle geben ihr gerade so viel Auftrieb, daß sie schwimmt. Der Fingerdruck wird durch das Wasser weitergeleitet und preßt die Luft in der Perle zusammen. Sie hat dadurch nicht mehr genügend Auftrieb und sinkt.

Schneide aus frischer Apfelsinenschale ein kleines Schiffchen, zeichne mit Kugelschreiber Bullaugen darauf. Setze das Boot in eine mit Wasser gefüllte Flasche und schließe sie mit einer Plastikkappe. Drückst du darauf, taucht das Schiff je nach Stärke des Drukkes auf und unter.

Winzige Luftbläschen in der porösen Fruchtschale bewirken, daß sie schwimmt. Durch den Fingerdruck, der sich im Wasser fortpflanzt, werden die Bläschen ein wenig zusammengedrückt. Ihr Auftrieb wird dadurch geringer, und das Schiff geht auf Tauchstation. Da das Gelbe der Schale schwerer als das Weiße ist, schwimmt das U-Boot waagerecht. Du kannst dem U-Boot noch einige »Froschmänner« dazugesellen. Wirf einfach abgebrochene Streichholzköpfe mit in die Flasche! Sie schwimmen, weil auch in ihrer porösen Masse Luft enthalten ist. Werden die Luftbläschen durch den weitergeleiteten Fingerdruck verkleinert, tauchen die Streichholzköpfe ebenfalls in die Tiefe.

127 Auftrieb des Alkohols

Fülle ein Schnapsglas bis zum Rand mit Weinbrand und ein zweites, gleich großes Glas mit Wasser. Lege eine Karte über das Glas mit Wasser und stülpe es kopfüber auf das Glas mit Weinbrand. Verschiebe die Karte so, daß sich am Rand der Gläser beide Flüssigkeiten vereinen können. In kurzer Zeit ist der Weinbrand in das obere Glas und das Wasser ins untere gewechselt.

Da die Alkoholmenge leichter als die Wassermenge ist, zieht der Weinbrand nach oben. Wenn die beiden Flüssigkeiten aneinander vorbeiströmen, tritt nur eine ganz minimale Vermischung ein.

128 Vulkan unter Wasser

Gieße eine kleine Flasche voll heißes Wasser und färbe es mit Tinte. Versenke die Flasche an einem Faden in ein Einmachglas mit kaltem Wasser. Wie aus einem Vulkan steigt aus dem Fläschchen eine farbige Wolke empor, die sich an der Oberfläche des Wassers ausbreitet.

Heißes Wasser hat eine größere Ausdehnung als kaltes, weil sich infolge der Erwärmung der Abstand zwischen den Wasserteilchen vergrößert hat. Es ist daher leichter und erfährt einen Auftrieb. Erst nach einer ganzen Weile vermischen sich das warme und das kalte Wasser, und der Tintenfarbstoff verteilt sich gleichmäßig.

Rätselhafte Ballons 129

Zwei mit Wasser gefüllte und zugebundene Ballons (achte darauf, daß sich keine Luftblasen darin befinden) liegen in einer Wanne mit kaltem Wasser. Deine Freunde werden sich wundern und dich fragen, wie es kommt, daß der eine Ballon sinkt, während der andere an der Oberfläche schwimmt.

Der erste Ballon ist mit kaltem, der zweite mit warmem Wasser gefüllt. Erwärmtes Wasser ist wegen seiner größeren Ausdehnung leichter als kaltes. Der Ballon mit warmem Wasser schwimmt so lange, bis es sich abgekühlt hat. Du darfst deine Freunde daher nicht zu lange zusehen lassen.

Geisterballon 130

Beschwere einen mit Gas gefüllten Ballon, wie du ihn auf dem Jahrmarkt kaufen kannst, mit einer angebundenen Karte. Schneide mit einer Schere Stück für Stück von der Karte ab, bis der Ballon wie von Geisterhand gehalten mitten im Raum schwebt.

Die Luft im Zimmer teilt sich in kältere, schwerere Luftschichten am Boden und wärmere, leichtere an der Decke. Der Ballon bleibt mit seiner Beschwerung in der Schicht stehen, die genau seinem Gewicht entspricht. Bei der echten Ballonfahrt erfolgt die Höhensteuerung ganz ähnlich, beim Aufsteigen wirft man Ballast ab, bis das Gewicht des Ballons dem Gewicht der Luft in der gewünschten Höhe entspricht.

Schwerpunkt und Schwerkraft

Der verhexte Karton 131

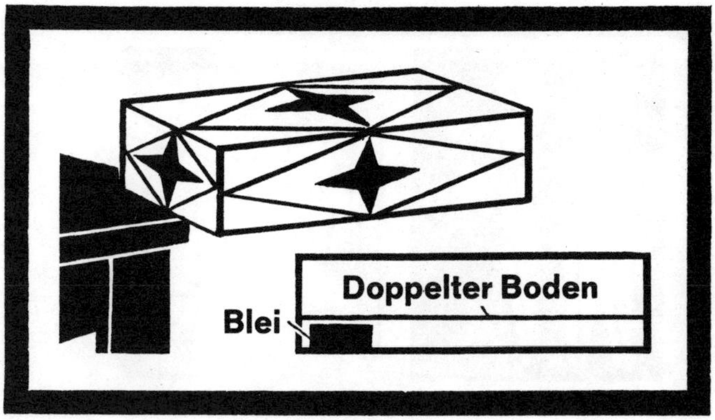

Klebe in einen Karton aus dünner Pappe einen doppelten Boden und verbirg im unteren Raum ein Bleigewicht. Du kannst den Karton immer auf der Ecke balancieren lassen, in der das Bleistück liegt.
Jeder Körper hat einen Schwerpunkt, um den seine Masse durch die Schwerkraft im Gleichgewicht gehalten wird. In einem so regelmäßig geformten Körper wie einem Karton liegt der Schwerpunkt genau in der Mitte. Dein Karton müßte also vom Tisch fallen. Das Bleigewicht verhindert das jedoch, denn es verlagert den Schwerpunkt über den Tisch.

Der balancierende Knopf 132

Wenn du einen Knopf so auf eine Tasse legst, daß sich nur die Ränder berühren, wird er sofort herunterfallen. Niemand wird glauben, daß der Knopf auf dem Tassenrand liegenbleibt, wenn du an ihm obendrein noch ein Gewicht befestigen willst. Und doch ist es möglich. Steckst du zwei Kuchengabeln über den Knopf und setzt du ihn dann auf den Tassenrand, so bleibt er in dieser Lage.
Die gebogenen Gabelgriffe, deren Enden besonders schwer sind und seitlich um die Tasse greifen, verlagern den Schwerpunkt des Knopfes genau über den Tassenrand, so daß das ganze Gebilde im Gleichgewicht ist.

133 Schwebebalken

Niemand wird es dir glauben, daß ein Hölzchen einer Wäscheklammer, über das du einen Ledergürtel hängst, im Gleichgewicht bleibt, wenn du es mit einem Ende auf deine Fingerspitze legst. Und doch ist das möglich, die Schwerkraft scheint hier ausgeschaltet zu sein. Eine schmale Kerbe, die du schräg in das Hölzchen gesägt hast, ist das ganze Geheimnis. Der Gürtel, den du in diese Kerbe fest eingeklemmt hast, neigt sich durch seine schräge Befestigung mit seinen Enden so weit zur Seite, daß sich der Schwerpunkt von Hölzchen und Gürtel zusammen unter die Fingerspitze verlagert und das Gleichgewicht zustande kommt.

134 Kerzenschaukel

Stecke quer durch einen Korken eine Stopfnadel und setze auf beide Enden der Nadel je eine gleich große Kerze. Bohre der Länge nach durch den Korken eine Stricknadel und lege sie über zwei Gläser. Zündest du die Kerzen an, beginnen sie zu schaukeln.
Vor dem Anzünden der Kerzen liegt der Schwerpunkt der Schaukel genau auf der Achse, so daß beide Enden in der Waage sind. Sobald aber an einem Ende ein Stearintropfen fällt, verlagert sich der Schwerpunkt zur anderen Seite. Diese bekommt Übergewicht und wippt herab. Da die Kerzen abwechselnd tropfen, wechselt der Schwerpunkt von einer Seite auf die andere.

Klebe ein Zehnpfennigstück auf die rechte obere Ecke einer Ansichtskarte und befestige an der gegenüberliegenden Ecke zwei Büroklammern. Hänge die linke obere Kartenecke mit einer Stecknadel – leicht drehbar – an einer Holzwand auf. Die einfachste Briefwaage ist fertig. Mit ihr kannst du ebenso genau wie mit einer normalen das Briefgewicht prüfen. Zunächst mußt du allerdings deine Waage eichen. Hänge einen Brief, der genau 20 Gramm wiegt, an die Büroklammern und markiere den Ausschlag der rechten oberen Ecke durch einen Pfeil an der Wand. Bei Briefen von mehr als 20 g schlägt die Waage weiter aus, und du weißt, daß ein einfaches Porto nicht ausreicht. Wie eine normale Briefwaage hat auch diese einfache Konstruktion einen Winkelhebel, der in einem Drehpunkt aufgehängt ist. Die linke schmale Seite der Karte bildet den Lastarm. Die obere Seite ist der Kraftarm und zeigt, weil er länger ist, selbst feine Gewichtsunterschiede an.

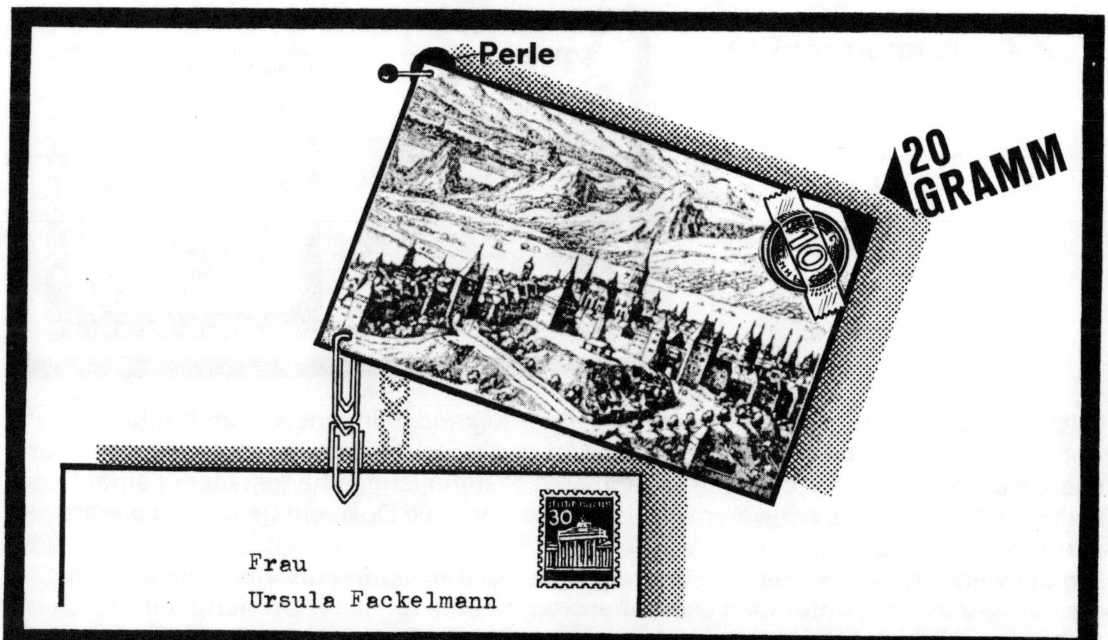

136 Zauber-Stab

Lege einen Stab über deine Zeigefinger und lasse das eine Ende weiter hinausragen als das andere. Wird das längere Ende Übergewicht bekommen, wenn du jetzt deine Finger weiter zur Mitte verschiebst?
Der Stab bleibt im Gleichgewicht, wie auch immer du die Finger bewegst. Hat ein Ende Übergewicht, lastet es stärker auf dem betreffenden Finger. Der weniger belastete kann jetzt weiter vorrücken, bis das Gleichgewicht wiederhergestellt ist. Durch Zusammenwirken von Schwerkraft und Reibung wiederholt sich der Vorgang so lange, bis sich die Finger genau unter der Mitte des Stabes treffen.

137 Bumerang-Dose

Stich in die Mitte von Boden und Deckel einer Keksdose je einen 1 cm breiten Schlitz. Führe ein der Dosenhöhe entsprechend langes Stück Einmachgummi hindurch und spanne es von außen durch Stecknadeln. An die Gummizunge hängst du mit einer Büroklammer ein etwa 50 g schweres Gewicht. Rollt man die Dose einige Meter vorwärts, so kehrt sie sofort zurück.
Die Schwerkraft bewirkt, daß die Schraube die Rollbewegung der Dose nicht mitmacht. Sie hängt senkrecht unter dem Gummi und windet ihn bei jeder Drehung auf. Durch die Spannung wird im Gummi eine Kraft wirksam, die die Rückwärtsbewegung verursacht.

Gleichgewichts-Akrobat

Pause den Clown unten auf Schreibpapier ab, schneide die Figur zweimal aus und leime beide Teile zusammen. Klebe zwei Pfennigstücke unsichtbar in die Hände ein und male die Figur lustig an. Auf einer Bleistiftspitze, auf dem Finger oder als Seiltänzer auf einem Faden, überall balanciert unser kleiner Papierclown. Das Kunststück verblüfft jeden. Denn eigentlich müßte die Figur doch umfallen, weil das obere Ende Übergewicht zu haben scheint.

Das Gewicht der eingeklebten Pfennigstücke bewirkt, daß sich der Schwerpunkt der Figur unter die Nase verlagert. Dadurch bleibt die Figur im Gleichgewicht.

Technisches Kräftespiel

Papier-Brücke 139

Lege einen Bogen Schreibpapier als Brücke über zwei Gläser und stelle darauf ein drittes Glas. Hoppla! Die Brücke hält nicht. Wenn du jedoch das Papier in Falten legst, trägt sie die Last des Glases.
Senkrecht stehende Wände sind weit weniger druck- und zugempfindlich als flachgelegte. Die Last des Glases verteilt sich auf mehrere schräggestellte Papierwände. In den Falten werden die zusammengehalten und haben dadurch eine enorme Stabilität. In der Praxis wird durch Verformung von Blechen und Platten mit runden oder kantigen Profilen die Stabilität erhöht. Denke nur an Wellblech und Wellpappe!

Unzerbrechliche Schachtel 140

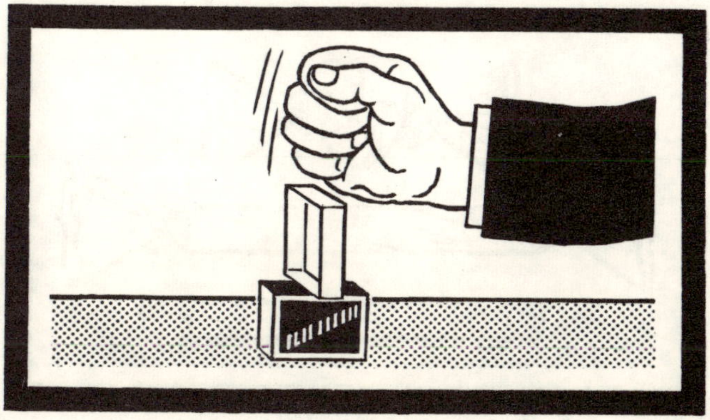

Stelle die Hülse einer Streichholzschachtel auf den Tisch und auf deren Reibfläche die Lade. Wohl jeder wird meinen, die Streichholzschachtel mit einem Faustschlag zerschmettern zu können. Probiere es! Die Schachtel fliegt fast immer ohne Beschädigung in hohem Bogen fort.
Die Lade der Streichholzschachtel hat durch die senkrecht geklebten Wände so viel Festigkeit, daß sie den Druck der auftreffenden Faust an die Hülse weiterleitet, ohne zu zerbrechen. Die Hülse, deren Seitenwände selten vollkommen senkrecht stehen, weicht dem Druck zur Seite aus.

141 Kraft-Ei

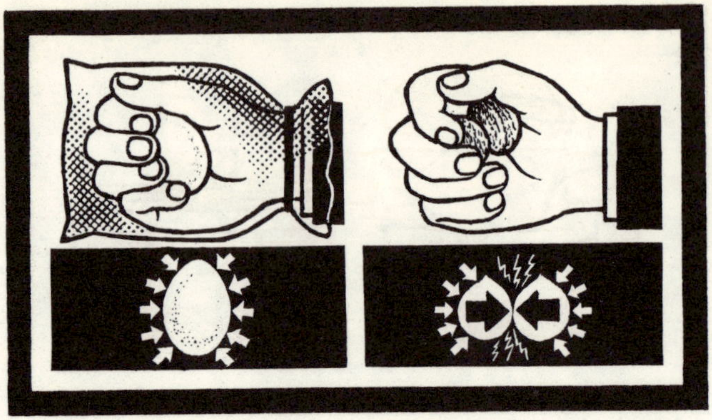

Wer will wetten, daß man mit der Hand leichter Nüsse zerbrechen kann, als ein rohes Hühnerei? Nimm ein leicht glänzendes Ei, stecke die Hand vorsichtshalber in einen Plastikbeutel und drücke es so fest du kannst!
Der Hebeldruck der Finger verteilt sich von allen Seiten gleichmäßig auf das Ei und reicht – wenn die Schale nicht schadhaft ist – nicht aus, es zu zerbrechen. Gewölbte Wände sind enorm stabil. Der Mensch nutzt diesen Vorteil u. a. beim Bau von Gewölben und Brücken, und darum haben Autos auch kaum ebene Flächen. Zwei Walnüsse in einer Hand knacken leicht, da sich der Druck auf die Berührungsstellen konzentriert.

142 Knoten in der Zigarette

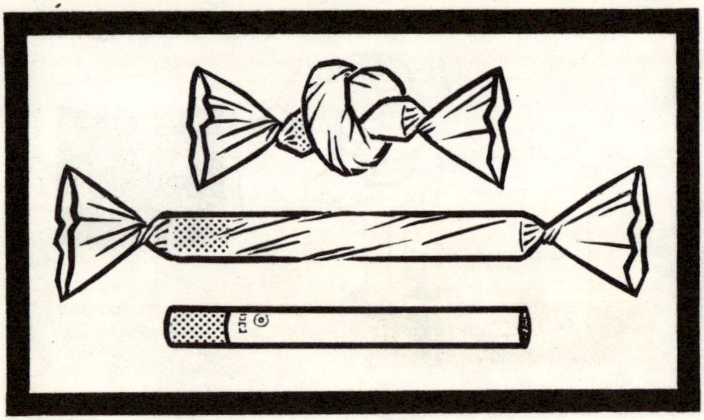

Du wirst es nicht für möglich halten, daß man eine Zigarette knoten kann. Wickle sie in das Cellophan der Verpackung und drehe die Enden fest zu. Es gelingt dir jetzt ohne weiteres, einen Knoten in die Zigarette zu schlagen, sie kann dabei nicht brechen.
Ohne die Cellophanhülle würde die Zigarette sofort reißen, weil beim Biegen der Druck der Tabakfüllung das Papier an der am meisten belasteten Stelle durchstoßen würde. Die Hülle ist so zäh, daß sie den Druck von innen gleichmäßig auf die ganze Zigarettenlänge verteilt. Nach dem Entknoten und Auswickeln braucht man die Zigarette nur zu glätten. Bitte eine lange Zigarette verwenden.

Schnittfestes Papier 143

Lege ein gefaltetes Stück Schreibpapier um eine Messerklinge. Ohne daß das Papier beschädigt wird, kannst du damit Kartoffeln schneiden.
Das Papier dringt mit dem Messer in die Frucht ein. Es wird selbst nicht zerschnitten, weil der Druck der Klinge auf das Papier einen Gegendruck der Kartoffel erfährt. Da ihr Fleisch weicher ist als Papierfasern, gibt es nach. Hält man aber das Papier oben fest, fehlt der Druckausgleich, und es wird zertrennt.

Rotierende Kugel 144

Lege eine Marmel auf den Tisch und stelle ein Marmeladenglas mit der Öffnung nach unten darüber. Du kannst die Kugel in dem Glas beliebig weit forttragen, ohne seine Öffnung nach oben zu wenden. Wer es nicht für möglich hält, soll mit dir wetten.
Ein kleiner physikalischer Kniff macht es möglich: Vollführe mit dem Glas Drehbewegungen und bringe dadurch die Kugel zum Rotieren. Durch die Zentrifugal- oder Fliehkraft wird die Kugel gegen die Innenwand des Glases gedrückt. Die Verengung des Glasgefäßes an der Öffnung verhindert, daß die Kugel herausgeschleudert wird, wenn du das Glas von der Tischplatte hebst.

145 Eier-Kreisel

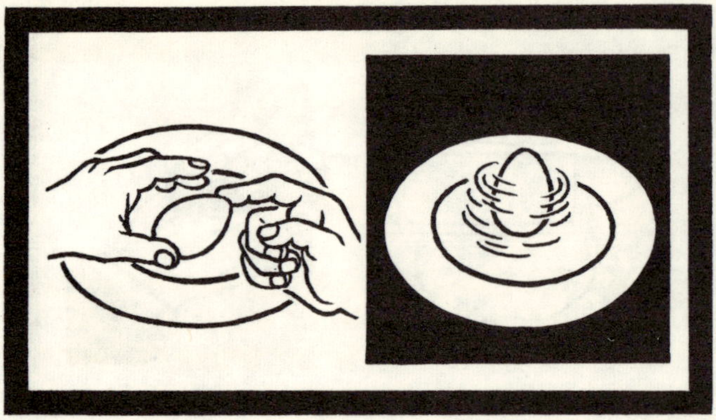

Es gibt eine sehr einfache Methode, ein gekochtes Ei von einem rohen zu unterscheiden, ohne ihre Schalen zu zerbrechen. Bringe auf einem Teller die Eier in kreiselnde Bewegung. Das hartgekochte setzt die Drehbewegungen fort. Da sein Schwerpunkt in seiner dickeren Hälfte liegt, stellt es sich sogar wie ein Kreisel auf.
Die Flüssigkeit im Inneren eines rohen Eies verhindert das. Da das Dotter schwerer ist als das Eiweiß, schlingert es beim Drehen infolge der Zentrifugalkraft aus der Mitte. Es bremst dadurch die Bewegung so stark ab, daß es nur zu einem ungeschickten Wackeln kommt.

146 Geld-Stoß

Lege drei Münzen in einer Reihe auf den Tisch, wobei sich zwei berühren. Drücke mit dem Daumen kräftig auf die mittlere Münze und schnippe das etwas entfernt liegende Geldstück dagegen. Die nebenan liegende Münze wird fortgeschleudert, obwohl die mittlere festgehalten wird.
Feste Körper besitzen eine mehr oder minder große Elastizität, das zeigt sich z. B. beim Stahl, wenn er zur Feder verarbeitet ist. In unserem Versuch wird die Münze beim Zusammenprall unmerklich zusammengedrückt, springt aber sofort in ihre ursprüngliche Form zurück und überträgt auf diese Weise den Stoß auf die benachbarte Münze.

Lege mehrere Zehnpfennigstücke hintereinander auf eine ebene Unterlage, so daß sie sich berühren. In Verlängerung der Reihe lege in einigem Abstand eine weitere Münze und schnippe sie mit dem Finger gegen die Geldstücke. Was passiert? Am anderen Ende gleitet ein Zehnpfennigstück weg. Wiederhole den Versuch, indem du zwei Münzen gegen die Reihe schießt. Diesmal trennen sich zwei Münzen ab. Schnippst du drei Geldstücke, werden drei fortgeschleudert und so fort. Bei einem weiteren Versuch kannst du die Münzen besonders scharf schießen, es wird sich jedoch kein anderes Ergebnis zeigen.

Das Experiment ist wirklich verblüffend und macht physikalische Gesetze deutlich. Beim Zusammentreffen der Münzen kommt es zu einem elastischen Stoß, wobei die gleiche Masse wie die der geschossenen Münzen am anderen Ende der Reihe die Bewegung fortsetzt. Von der Schärfe des Schnippens hängt es ab, mit welcher Geschwindigkeit und wie weit die Geldstücke hinten fortfliegen, auf ihre Anzahl hat sie jedoch keinen Einfluß.

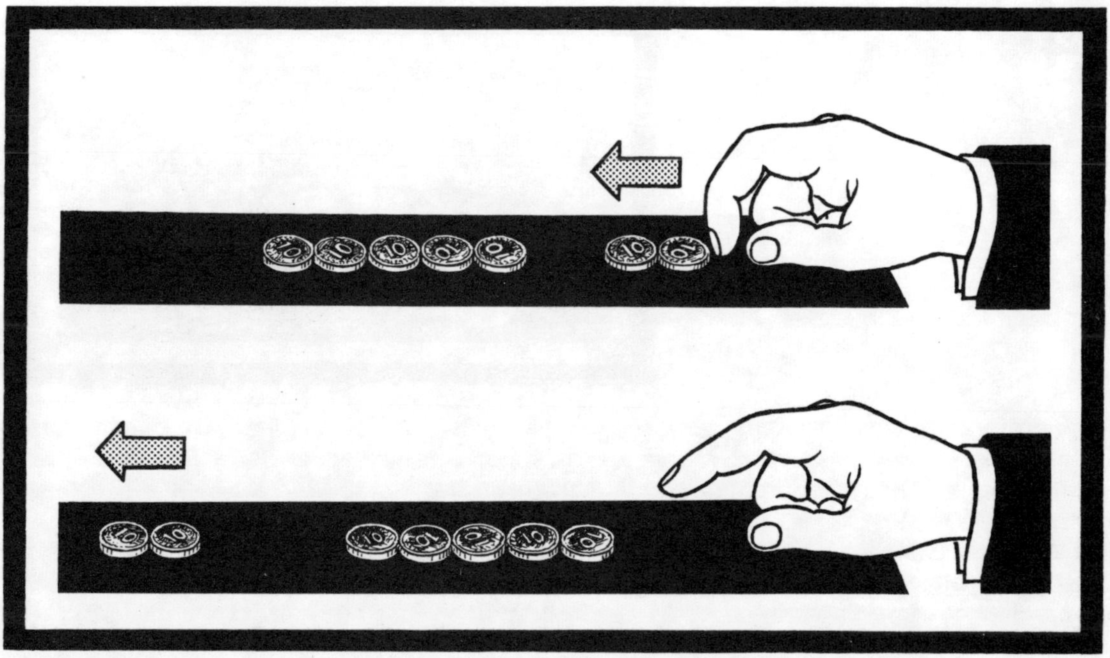

Von der Trägheit der Körper

Der standhafte Bleistift 148

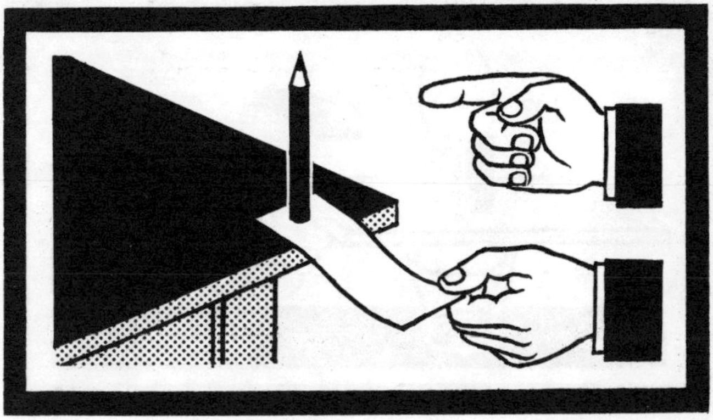

Halte einen Streifen Papier über eine glatte Tischkante und stelle einen Bleistift darauf. Wird es dir gelingen, das Papier zu entfernen, ohne den Bleistift zu berühren oder umzuwerfen? Ziehst du das Papier langsam fort, fällt der Bleistift garantiert um. Der Versuch gelingt, wenn das Papier durch Aufschlagen mit dem Finger blitzschnell entfernt wird. Jeder Körper hat das Bestreben, in der Lage oder Bewegung zu verharren, in der er sich gerade befindet. Der Bleistift leistet der schnellen Bewegung Widerstand, indem er an seinem Platz verharrt und nicht umkippt.

Der Schatz im Turm 149

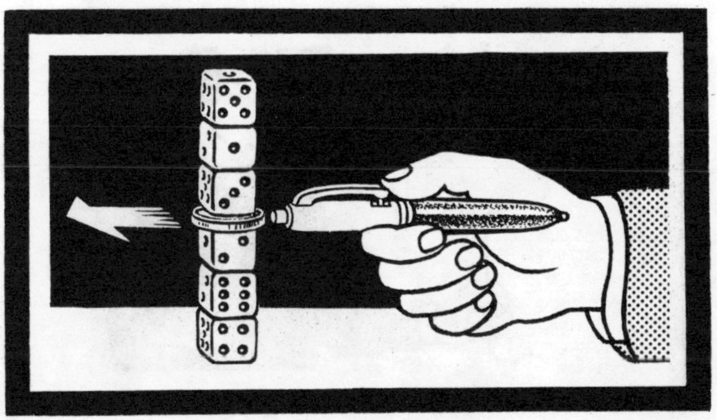

Baue sechs Spielwürfel aus Horn oder Kunststoff zu einem Turm auf und lege in seine Mitte ein Zehnpfennigstück. Der Turm ist sehr wacklig; wie kann man aber trotzdem das Geld herausholen, ohne die Würfel zu berühren oder umzuwerfen?
Halte einen Kugelschreiber mit Knipsvorrichtung mit etwas Abstand vor die Münze. Drückst du ab, fliegt das Geldstück aus dem Turm. Die Bewegung der Spiralfeder im Kugelschreiber überträgt sich blitzartig auf die Münze, jedoch auf Grund der geringen Reibung nicht auf die Würfel, die entsprechend ihrem Gewicht eine ziemlich große Trägheit haben.

150 Eier-Bombe

Lege auf ein Glas mit Wasser ein Brettchen, stelle darauf die Hülse einer Zündholzschachtel und darüber ein rohes Ei. Kannst du das Ei, ohne es zu berühren, ins Wasserglas befördern? Ziehe das Brettchen blitzschnell zur Seite! Das Ei plumpst unversehrt ins Wasser.
Die Trägheit des Eies ist entsprechend seinem Gewicht so groß, daß es von der schnellen Bewegung nicht mitgerissen wird. Die leichte Schachtel hingegen fliegt weg, weil ihre Trägheit gering ist.

151 Der träge Klotz

Binde an einen Holzblock oder an einen anderen schweren Gegenstand zwei Enden eines gleichstarken Fadens. Hänge das Holz an dem einen Faden auf und ziehe am unteren. Welche Fadenhälfte wird reißen?
Ziehst du langsam, bewirken der Zug und das zusätzliche Gewicht des Gegenstandes, daß der obere Faden reißt. Ziehst du jedoch ruckartig, so verhindert die Trägheit des Holzklotzes, daß sich die ganze Kraft auf den oberen Faden überträgt. Der untere reißt.

Geteilter Apfel 152

Schneide mit einem Messer so weit in das Fleisch eines Apfels, daß er beim Anheben an der Klinge haftet. Klopfe nun mit dem Rücken eines anderen Messers gegen die im Apfel steckende Klinge. Nach einigen Schlägen hat sich der Apfel selbst halbiert.
Der berühmte italienische Naturforscher Galilei hat schon im 16. Jahrhundert erkannt, daß jeder Körper einer Änderung seiner Lage oder Bewegung einen Widerstand entgegensetzt, den man Trägheit nennt. Diese hindert den Apfel daran, den ruckartigen Bewegungen des Messers zu folgen. Er schiebt sich langsam auf die Klinge, bis er geteilt ist.

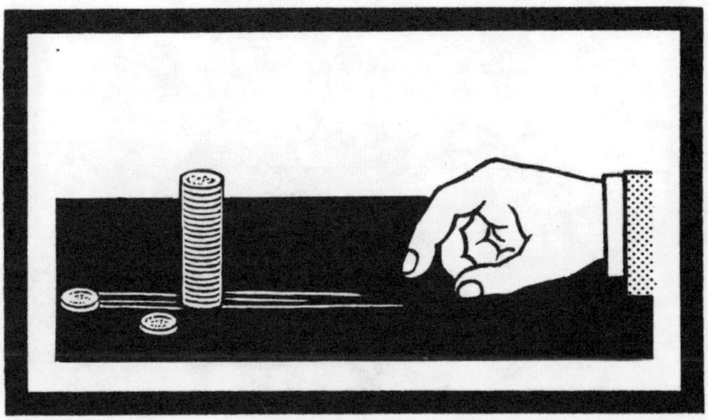

Münzen schießen 153

Lege auf einem glatten Tisch etwa zwanzig Groschen-Stücke übereinander. Wie kannst du die Münzen von unten einzeln wegnehmen, ohne sie zu berühren? Schnippe ein Zehnpfennig-Stück kräftig mit dem Finger, so daß es die untere Münze trifft und fortschleudert. Wenn du gut triffst, kannst du auf diese Weise alle Münzen wegschießen. Die Trägheit der Geldsäule ist so groß, daß die Wucht der geschnippten Münze nicht genügt, um sie zu bewegen oder gar umzuwerfen.

Spiel mit Schall und Tönen

Brummflöte 154

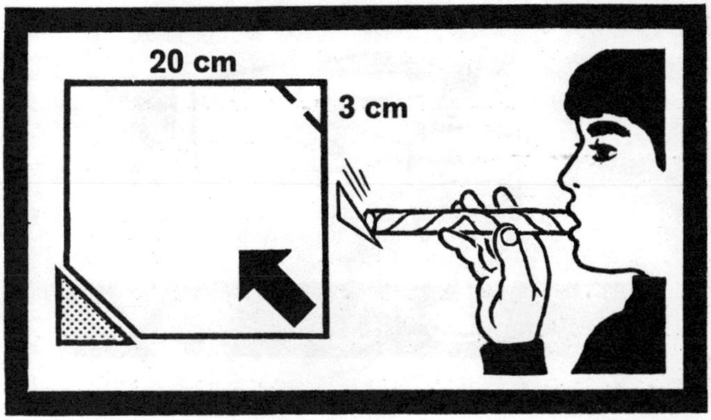

Ein quadratisches Stück Schreibpapier wird an einer Ecke abgeschnitten. Die gegenüberliegende erhält zwei Einschnitte. Rolle das Papier in Pfeilrichtung zu einer bleistiftstarken Röhre und drücke die eingeschnittene Ecke zur Öffnung hin zu. Ziehe durch die Röhre tief Luft ein. Dabei entsteht ein lauter Brummton.
Durch die hereinströmende Luft wird die Papierecke angesaugt, da sie aber leicht federt, beginnt sie zu vibrieren. Die Schwingungen erfolgen recht langsam, daher ist der Ton tief.

Das musikalische Trinkrohr 155

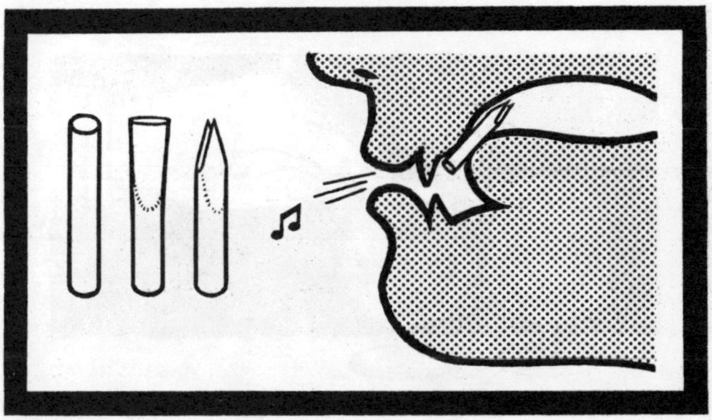

Schneide ein etwa 2 cm langes Stück von einem Plastik-Trinkröhrchen ab. Drücke das eine Ende zusammen und spitze es an. Klemmst du das Röhrchen vorn gegen den oberen Gaumen, so entstehen beim Luftausstoßen die verschiedenartigsten Töne.
Die spitzen Zungen des Röhrchens werden von der hindurchstreichenden Luft in sehr schneller Folge bewegt. Deshalb liegen ihre Töne verhältnismäßig hoch. Eine große Zahl von Musikinstrumenten beruht auf diesem einfachen Prinzip.

156 Wasserorgel

Fülle ein dünnwandiges Glas zur Hälfte mit Wasser. Tauche deinen Zeigefinger ein und fahre mit ihm langsam auf dem Glasrand entlang. Es entsteht ein wunderbar klingender Dauerton.
Der Versuch glückt nur, wenn der Finger frisch gewaschen ist. Er »rubbelt« über das Glas und versetzt ihm winzige Stöße. Das Glas beginnt zu vibrieren, wodurch der Ton entsteht. Ist der Finger fettig, gleitet er ohne die nötige Reibung glatt über das Glas. Die Tonhöhe richtet sich nach der Wassermenge. Die Schwingungen zeichnen sich auf dem Wasserspiegel deutlich ab.

157 Tonübertragung

Du kannst den vorigen Versuch erweitern. Stelle zwei gleiche, dünnwandige Gläser in 2 cm Abstand voneinander auf und fahre langsam mit frisch gewaschenem, nassem Finger über den Rand des einen Glases. Dabei entsteht ein lauter Heulton. Eigenartigerweise schwingt das andere Glas mit, ein daraufgelegter dünner Draht vibriert.
Die Schwingung des ersten Glases überträgt sich durch die Schallwellen der Luft auf das zweite. Dieses »Mittönen« kommt nur zustande, wenn die Gläser beim Anschlagen die gleiche Tonhöhe aufweisen. Ist das bei deinen beiden Gläsern nicht der Fall, mußt du in eins zum Ausgleich der Tonhöhe Wasser füllen.

Glockenläuten 158

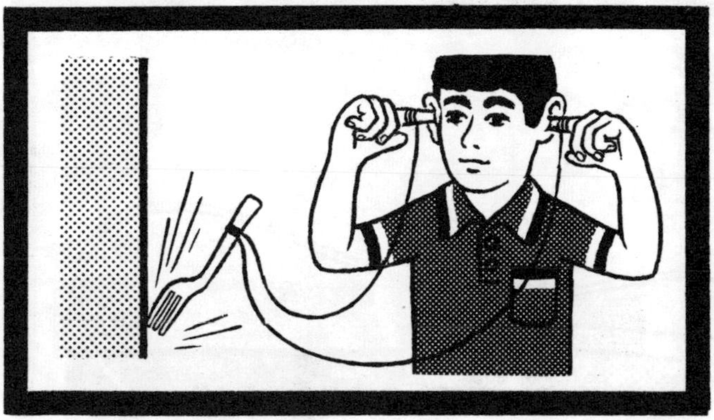

Binde in die Mitte eines etwa ein Meter langen Fadens eine Gabel. Wickle die beiden Fadenenden mehrmals über deine Zeigefinger und halte die Fingerspitzen in die Ohren. Lasse die Gabel an einem harten Gegenstand anschlagen. Wenn der Faden danach gespannt ist, vernimmst du ein lautes, glockenähnliches Läuten.
Durch den Anschlag vibriert das Metall wie bei einer Stimmgabel. Die Schwingungen werden hier nicht durch die Luft, sondern über den Faden und die Finger direkt zum Trommelfell geleitet.

Papier-Membrane 159

Halbiere ein Streichholz, spitze es an und spalte es am andern Ende. Stecke es auf einen glatten Bogen Schreibpapier und halte das Ganze senkrecht auf eine sich drehende alte Schallplatte. Fast ebenso klar und kräftig wie aus dem Lautsprecher ertönt die Musik über das Papier.
Das Streichholz läuft in den Rillen der Schallplatte und überträgt – ähnlich wie eine Grammophon-Nadel auf die Membrane – die seitlichen Ausschläge auf das Papier. Die Schwingungen des Papiers pflanzen sich als Schallwellen durch die Luft auf dein Trommelfell fort.

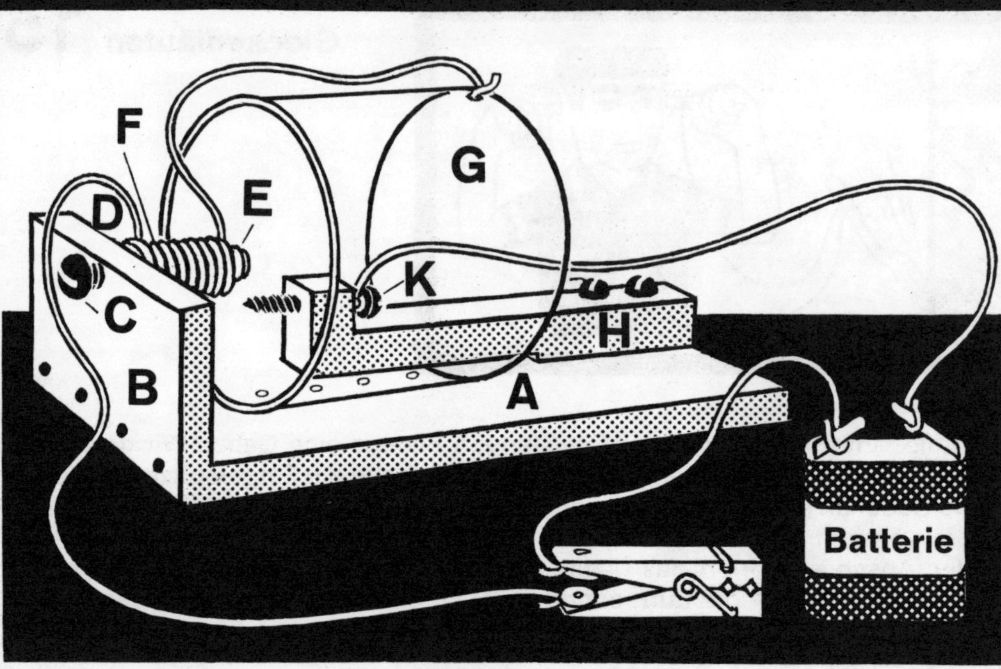
F
G
D
E
K
C
H
B
A
Batterie
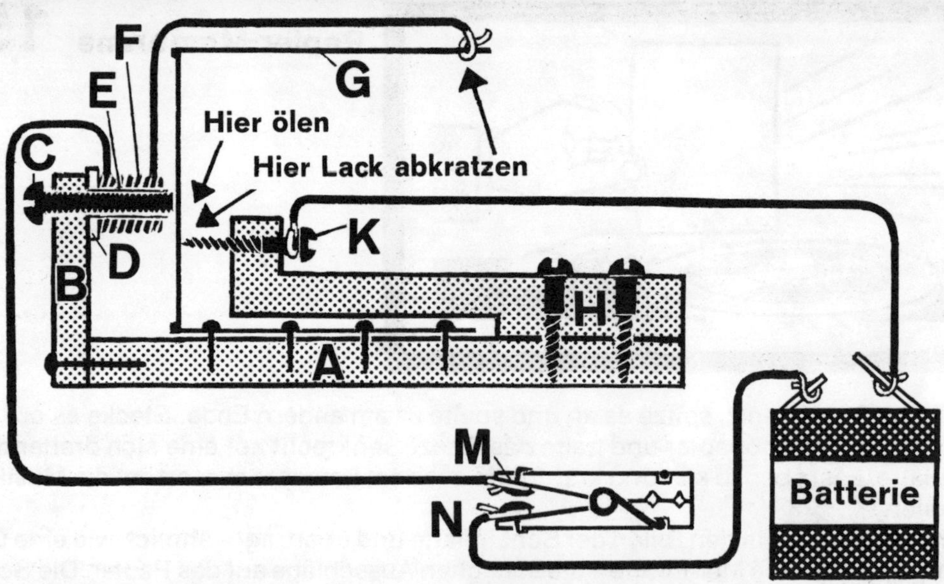
F
G
E
Hier ölen
C
Hier Lack abkratzen
K
D
B
H
A
M
Batterie
N

Dosen-Hupe 160

Nagle auf ein passendes Brett A eine möglichst große Dose aus Weißblech G. Durch das seitlich befestigte Brett B bohrst du ein Loch, durch das man eine Schraube C aus weichem Eisen (nicht Stahl) zur Mitte des Dosenbodens drehen kann. Zwischen Schraube und Dose bleibt eine 1 mm breite Lücke. Lege eine Schicht Papier E um die Schraube und wickle etwa 2 m Lackdraht F darüber. Von innen berührt eine Holzschraube K, die verstellbar im Holz H sitzt, den Dosenboden. Kratze das Blech vor der Schraubenspitze ab und öle es. Verbinde alle Teile richtig mit Leitungsdraht, wobei du an den Anschlüssen Isolierung und Dosenlack entfernst. Eine Wäscheklammer mit zwei Reißstiften M und N dient als Hupknopf. Drückst du darauf, entsteht ein enorm lautes Signal.
Das Gerät funktioniert nach dem Prinzip der Autohupe. Schließt du durch Druck auf den Hupknopf den Stromkreis, wird die Schraube C magnetisch und zieht den Dosenboden an. Dadurch wird vor der Schraube K der Stromkreis unterbrochen. Schraube C verliert die Magnetkraft, und der Dosenboden schnellt zur Schraube K zurück. Der Vorgang wiederholt sich so schnell, daß das Blech durch seine Vibration den Hupton verursacht.

Schritte in der Tüte 161

Setze eine Stubenfliege in eine glatte Papiertüte, schließe die Tüte und halte sie waagerecht über dein Ohr. Wenn du dich in einem ruhigen Zimmer befindest, kannst du ganz deutlich die Trippelschritte der sechs Beinchen und andere recht seltsame Geräusche vernehmen.
Das Papier wirkt wie das Fell einer Trommel. Obwohl nur die winzigen Insektenbeine darauf klopfen, gerät es in Schwingungen und überträgt ein so kräftiges Geräusch, daß man ein größeres Lebewesen oder ein schnarrendes Uhrwerk in der Tüte vermutet.

Unterhaltsame Versuche mit Licht

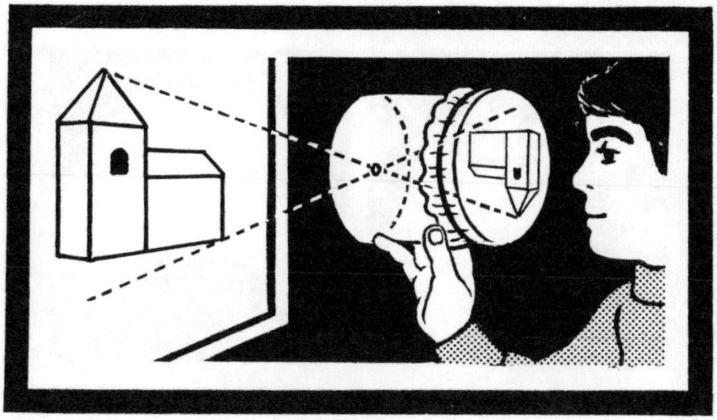

Camera obscura 162

Bohre ein Loch in die Mitte des Bodens einer Dose. Spanne über die Büchsenöffnung Pergamentpapier, das du mit einem Gummiring sicherst. Betrachtest du mit dieser einfachen Kamera vom dunklen Zimmer aus ein hell angestrahltes Gebäude, dann erscheint das Bild umgekehrt auf der Mattscheibe.
Nach dem gleichen Prinzip arbeitet unser Auge. Die Lichtstrahlen fallen durch Pupille und Linse und projizieren ein umgekehrtes Bild auf die Netzhaut. Im Sehzentrum unseres Gehirns werden die Bilder wieder umgedreht.

Feuer durch Eis 163

Es ist kaum zu glauben, aber man kann mit Eis Feuer entzünden! Gieße etwas Wasser, das du vorher einige Minuten lang gekocht hast, in eine gleichmäßig gewölbte Schüssel und lasse es gefrieren. Durch leichtes Erwärmen läßt sich das Eis herausnehmen. Mit ihm kannst du die Sonnenstrahlen wie mit einem Brennglas bündeln und beispielsweise dünnes schwarzes Papier in Brand setzen.
Die im frischen Wasser enthaltene Luft bildet beim Gefrieren winzige Bläschen und trübt dadurch das Eis. Abgekochtes Wasser aber enthält kaum Luft und erstarrt zu klarem Eis. Beim Durchgang durch die Linse kühlen sich die Sonnenstrahlen nur unmerklich ab.

164 Fingerwärmer

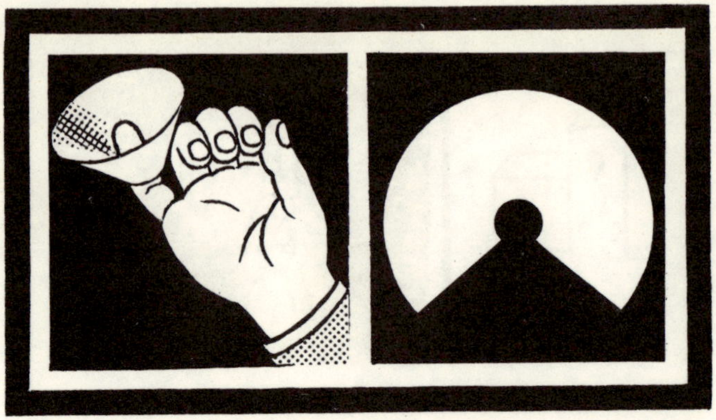

Klebe aus glattem Silberpapier nach dem Muster einen Trichter. Stecke einen Finger hinein, richte ihn auf die Mittagssonne, und du spürst eine beachtliche Erwärmung.
Die Sonnenstrahlen werden von der Trichterwand zur Mitte reflektiert und konzentrieren sich auf der Mittelachse, die dein Finger bildet. Steckt man den Finger in den ausmontierten Hohlspiegel einer Fahrradlampe, werden die Sonnenstrahlen unerträglich heiß. Sie sammeln sich hier auf einem Punkt, dem Brennpunkt des Hohlspiegels, in dem sonst die Glühbirne steckt. Die Hitzeentwicklung ist so groß, daß man mit dem Hohlspiegel leicht ein Feuer entfachen kann.

165 Sonnenkraftwerk

In einer Schüssel lassen sich Sonnenstrahlen auffangen und mit ihrer Wärme Kartoffeln im eigenen Saft grillen. Ein »nahrhafter« Spaß und ein lehrreiches Experiment zugleich: Nimm eine Suppenterrine oder eine große Salatschüssel mit möglichst kleiner Bodenfläche und lege sie innen mit Haushalts-Aluminiumfolie – blanke Seite nach außen – aus. Glätte die Falten mit einem Gummiball und einem Löffel, bis die Folie wie ein Spiegel wirkt. Reiße sie am Boden der Schüssel ein wenig auf, um einen Saughaken festdrücken zu können. An ihn steckst du eine kleine, rohe Kartoffel. Richtest du den Kocher an einem warmen Tag auf die Mittagssonne, wird die Kartoffel sofort heiß und nach einiger Zeit gar. Ab und zu muß man die Schüssel neu auf die Sonne einstellen. Die einfallenden Sonnenstrahlen werden an der Aluminiumfolie zur Mitte reflektiert und auf der Kartoffel konzentriert. In tropischen Ländern benutzt man häufig Hohlspiegel zum Kochen. Wußtest du, daß in großen Kraftwerken durch Sonnenbestrahlung sogar Elektrizität erzeugt wird?

Aluminium-
folie
Saughaken
Klebefilm

166 Lichtmühle

Schneide vier 3 × 4 cm große Blättchen Aluminiumfolie zu. Nimmst du Silberpapier von einer Zigarettenpackung, mußt du das Papier ablösen. Klebe die Blättchen wie Schaufeln eines Mühlrades an ein abgebrochenes Zündholz, die blanken Seiten jeweils in eine Richtung. Die matten Seiten schwärzt du über einer Kerze. Halte zu diesem Zweck hinter die Folie eine Messerklinge. Gib auf ein Ende des Hölzchens einen Tropfen Alleskleber, ziehe ihn zu einem hauchdünnen Faden aus und lasse ihn trocknen. Stelle ein hohes Einmachglas in die Sonne, hänge die Mühle hinein, und sie dreht sich in einem fort.
Wir wissen, daß dunkle Flächen vom Sonnenlicht stärker erwärmt werden als helle. Ein solcher Wärmeunterschied ist auch das ganze Geheimnis der Lichtmühle: Die berußten Seiten der Folie nehmen die Lichtstrahlen auf und erwärmen sich etwa zehnmal stärker als die lichtabstoßenden blanken Seiten. Die verschieden starke Wärmeabstrahlung der Flügelseiten verursacht die Drehung.

Verkürzter Löffel 167

Blicke flach über den Rand in einen Eimer mit Wasser und tauche einen Löffel senkrecht hinein. Unter Wasser sieht der Löffel wesentlich kürzer aus.
Diese Täuschung beruht darauf, daß die vom eingetauchten Löffel reflektierten Lichtstrahlen nicht in gerader Linie in dein Auge fallen. Sie werden an der Wasseroberfläche in einem Winkel abgelenkt, und man sieht daher die Löffelspitze weiter oben. Gewässer wirken wegen der Lichtbrechung immer flacher als sie tatsächlich sind. Das wußten auch die Indianer. Wollten sie mit Pfeil oder Speer Fische im Wasser treffen, mußten sie ein gutes Stück tiefer zielen.

Schattenspiel 168

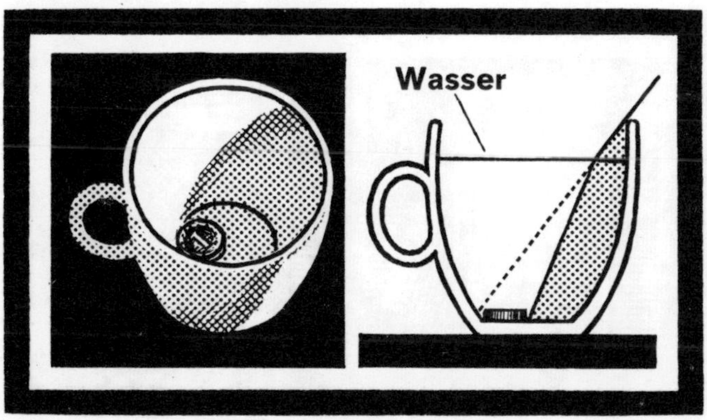

Lege ein Pfennigstück in einer Tasse nahe an die Wand. Stelle die Tasse in schräg einfallendes Licht, daß der Schatten ihres Randes gerade die Münze überdeckt. Wie kann man den Pfennig aus dem Schatten befreien, ohne Tasse oder Münze zu bewegen oder einen Taschenspiegel zu benutzen?
Ganz einfach! Brich die Lichtstrahlen zur Münze hin: Fülle die Tasse mit Wasser, und der Schatten weicht zur Seite. Die Lichtstrahlen gehen nach dem Auftreffen auf die Wasseroberfläche nicht geradlinig weiter, sondern werden in einem Winkel nach unten hin gebrochen.

169 Gaswirbel

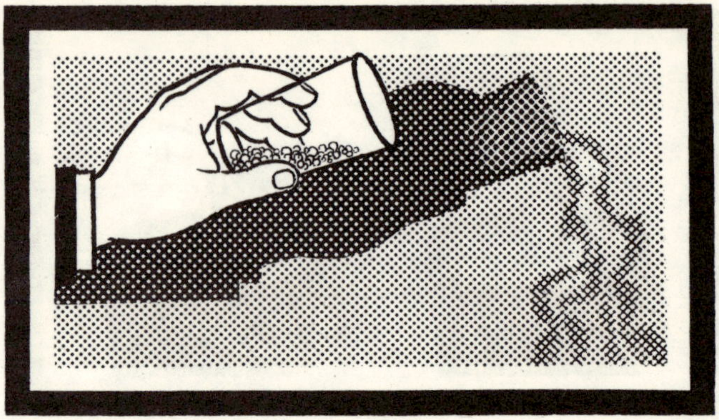

Übergießt man in einem Becher etwas doppeltkohlensaures Natron mit Essig, entwickelt sich Kohlendioxid. Dieses Gas kann man gewöhnlich nicht sehen, aber man kann es sichtbar machen: Neige den Becher mit dem schäumenden Inhalt im Sonnenlicht vor einem hellen Hintergrund. Man sieht das Gas, das schwerer als das Luftgemisch ist, in dunklen und hellen Wirbeln aus dem Becher fluten. Da Kohlendioxid eine andere »optische Dichte« als Luft hat, werden die Lichtstrahlen beim Durchtritt durch die Gaswolke gebrochen. Die hellen Wirbel an der Wand entstehen da, wo bei der Lichtbrechung vermehrt Licht hingelenkt wird, die dunklen Wirbel, wo Licht fortgelenkt wird.

170 Zauberei mit Licht

Stellt man ein Marmeladenglas über eine auf dem Tisch liegende Münze, sieht es ganz so aus, als befände sie sich im Glas. Gießt man nun Wasser in das Glas und setzt den Dekkel darauf, ist – simsalabim! – die Münze weg, als habe sie sich im Wasser aufgelöst. Die von der Münze kommenden Lichtstrahlen gelangen durch das leere Glas ganz normal in unser Auge. Füllt man aber Wasser ein, gehen die Strahlen nicht hindurch, sie werden am Glasboden, wo sie in einem flachen Winkel gegen das Wasser treffen, nach unten zurückgeworfen und erzeugen da einen silbrigen Glanz. Man nennt das »Totalreflexion«.

Du benötigst eine Hochglanz-Ansichtskarte. Schneide die Kanten glatt und unterteile die Schreibseite der Länge nach in vier 2½ cm breite Felder. Ritze die Linien leicht vor und knicke und klebe die Karte mit der Hochglanzseite nach innen zu einer dreikantigen Röhre. Beide Öffnungen werden mit klarsichtigem Cellophan zugeklebt. Über das Cellophan an der einen Seite klebst du außerdem weißes Schreibpapier. Dazwischen mußt du vorher kleine Schnipsel von farbigem Cellophan einfügen, so daß sie sich leicht bewegen können. In der Röhre zeigt sich dir ein wunderschönes Muster, das sich beim Antippen mit dem Finger verändert.
Die drei Hochglanzflächen der geknickten Ansichtskarte wirken wie Spiegel und vervielfältigen das Bild der bunten Cellophan-Schnipsel. Eine glänzende Fläche spiegelt um so besser, je flacher die Lichtstrahlen auftreffen. Da trotzdem ein Teil der Strahlen in die Fläche eindringt, ist das von ihr reflektierte Bild nicht ganz so klar und hell wie bei einem Spiegel.

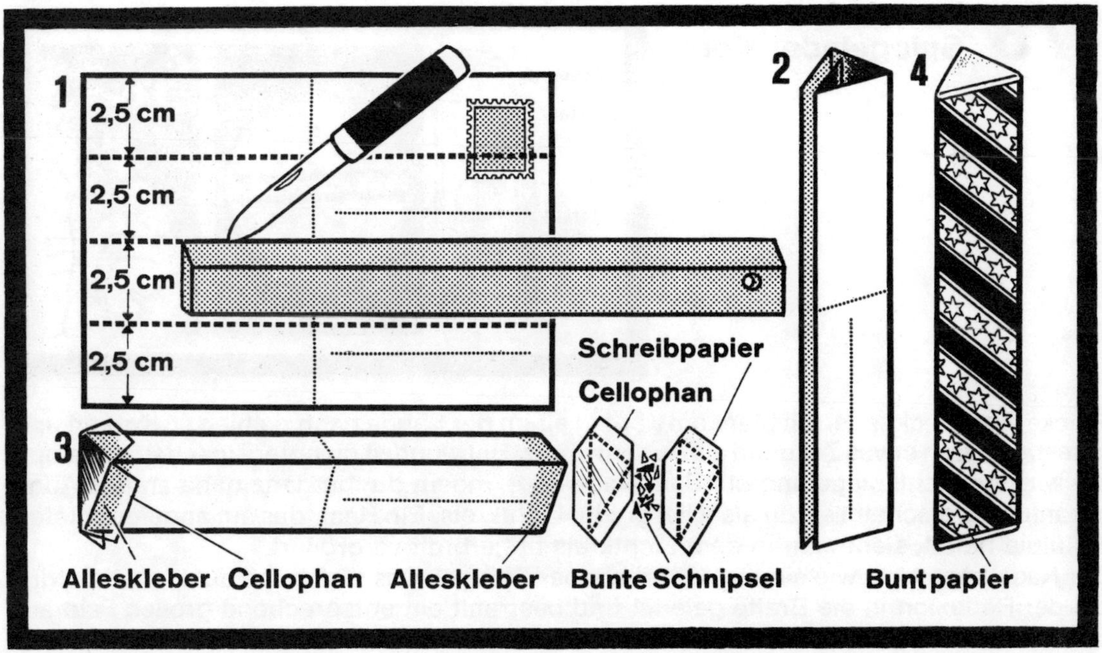

172 Blick in die Unendlichkeit

Halte einen Taschenspiegel so zwischen deine Augen, daß du auf beiden Seiten in einen größeren Spiegel hineinblicken kannst. Stehen die Spiegel parallel zueinander, schaust du in eine unendliche Reihe von Spiegelungen, die sich wie ein gläserner Kanal in die Weite ziehen.
Da das Spiegelglas leicht grünlich schimmert, wird bei jeder Spiegelung etwas Licht verschluckt, wodurch das Bild bei zunehmender Weite unschärfer wird. Trotzdem ist dieser Versuch interessant, weil man sich ein Bild von der Unendlichkeit machen kann.

173 Spiegelnder Kopf

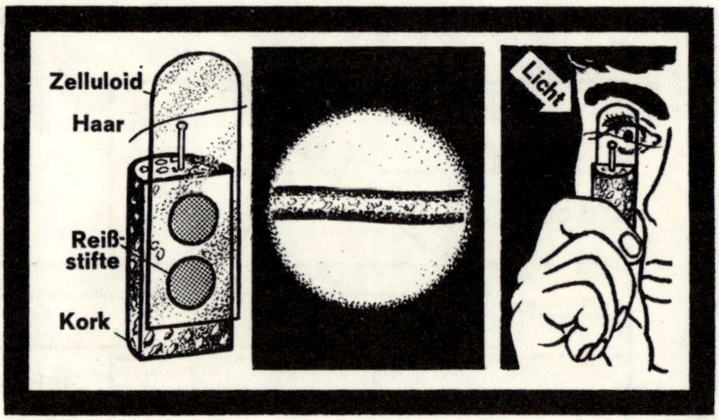

Stecke eine Stecknadel mit blankem Kopf in einen der Länge nach halbierten Korken und befestige daran etwas Zelluloid als Augenschutz. Betrachtest du unter einer hellen Lampe die winzige Lichtspiegelung auf dem Nadelkopf, indem du ihn ganz nahe an das Auge heranführst, erscheint sie dir als tellergroßer Lichtkreis. Ein Haar, das am angefeuchteten Zelluloid haftet, sieht man in dem Lichtkreis fingerbreit vergrößert.
Der Nadelkopf wirkt wie ein kleiner erhabener Spiegel. Das Licht, das auf ihn trifft, wird bei der Reflexion in die Breite geleitet und bestrahlt ein entsprechend großes Feld auf der Netzhaut des Auges.

Seltsame Vergrößerung 174

Stich mit der Nadel in eine Karte ein Loch und blicke durch das Loch auf eine brennende, matte Glühbirne. Du wirst im Blickfeld eigenartige Gebilde entdecken, die wie winzige Bläschen vor dir schweben.
Das ist keine optische Täuschung! Die Gebilde sind winzige Trübungen in unserem Auge, die auf die Netzhaut Schatten werfen. Da sie schwerer als die Flüssigkeit des Auges sind, wandern sie nach jedem Augenaufschlag immer wieder nach unten. Legst du den Kopf auf die Seite, streben die Augenstäubchen zum Augenwinkel, ein Zeichen, daß sie der Schwerkraft folgen.

Spektrum in der Feder 175

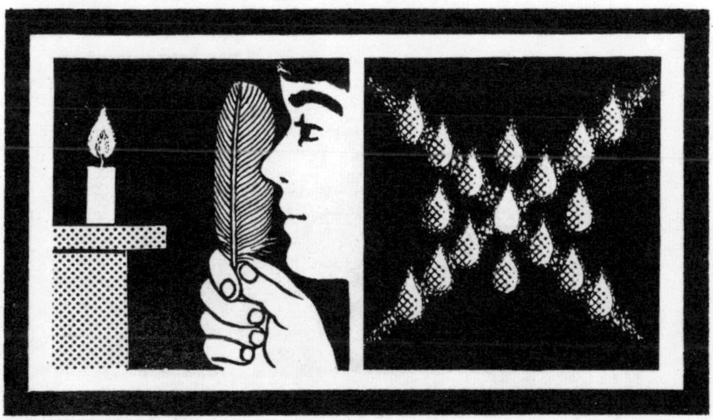

Halte im dunklen Zimmer eine große Vogelfeder dicht vor ein Auge und blicke auf eine 1 Meter entfernt stehende brennende Kerze. Die Flamme erscheint in einer x-förmigen Anordnung vervielfacht, wobei sie in den Spektralfarben schillert.
Die Erscheinung wird durch die sogenannte Beugung am Spalt hervorgerufen. Zwischen den regelmäßig angeordneten Federteilchen (Äste und Strahlen) befinden sich enge Spalte mit scharfen Rändern. Beim Durchtritt wird das Licht gebeugt, das heißt, es wird abgelenkt und in die Spektralfarben zerlegt. Da du durch mehrere Spalte gleichzeitig siehst, erscheint dir die Flamme mehrfach.

176 Sonnenspektrum

Lege weißes Papier auf das Fensterbrett und stelle darauf ein glattes Whiskyglas randvoll mit Wasser. Befestige an ihm eine Postkarte mit einem 1 × 10 cm großen Schlitz, daß ein Streifen des Sonnenlichtes auf die Wasseroberfläche fällt. Auf dem Papier zeigt sich ein prächtiges Spektrum, und die Streifen Rot, Orange, Gelb, Grün, Blau, Indigo, Violett sind deutlich zu unterscheiden.
Der Versuch ist nur morgens oder abends druchführbar, wenn das Sonnenlicht flach einfällt. Es wird an der Wasseroberfläche und der Glaswand gebrochen und dabei in seine farbigen Bestandteile zerlegt. Das klappt übrigens auch mit Taschenlampenlicht.

177 Bunter Reifen

Die Himmelserscheinung eines Regenbogens hast du sicher bisher nur als Halbkreis gesehen. Einen vollen Kreis kannst du dir bei Sonnenschein selbst zaubern: Stelle dich am späten Nachmittag draußen auf einen Stuhl mit dem Rücken zur Sonne und sprühe mit dem Wasserschlauch feinen Regen. Vor dir steht ein bunter Reifen!
Das Sonnenlicht wird in den Tröpfchen reflektiert, wobei jedes in einer Spektralfarbe glänzt. Deinem Auge sind aber nur die Farben der Tröpfchen sichtbar, die in einer kreisförmigen Zone in einem Blickwinkel von 85 Grad vor dir niederfallen. Allein der Schatten deines Körpers unterbricht kurz den Kreis.

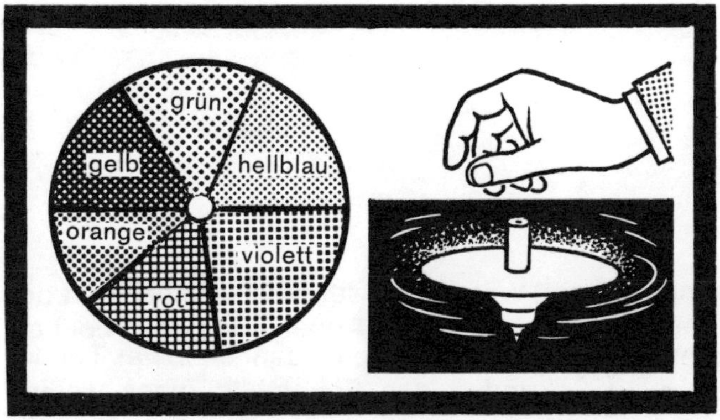

Farbkreisel 178

Schneide aus weißem Karton eine Scheibe von 10 cm Durchmesser. Male die Felder wie angegeben mit Filzstiften an. Klebe die Scheibe auf eine halbierte Garnspule, stecke einen Bleistiftstummel hindurch und lasse sie kreiseln. Wie verhext verschwinden die Farben, und die Scheibe erscheint weiß.
Die Farben auf der Scheibe entsprechen den Spektralfarben, aus denen sich das Sonnenlicht zusammensetzt. Beim Drehen nehmen unsere Augen die einzelnen Farben einen kurzen Moment wahr. Da die Augen jedoch zu träge sind, die schnell wechselnden Farbeindrücke zu unterscheiden, teilen sich diese dem Gehirn als Weiß mit.

Wetterleuchten 179

(siehe hinteren Buchdeckel)

Blicke abwechselnd links und rechts auf den blauen Himmel des Bildes. Du traust deinen Augen nicht, es zucken in einem fort helle Blitze auf.
Wie läßt sich diese Erscheinung erklären? Beim Blick auf das Bild prägt es sich auf der Netzhaut der Augen ein. Es wirkt auf ihr noch einen kleinen Moment nach, wenn man den Blick wendet. So kommt es, daß das Nachbild des roten Blitzes auf der Netzhaut das Blau des Himmels überlagert. Diese beiden gegensätzlichen Farben zusammen aber erzeugen in unserem Gehirn den Eindruck von weißem Licht. Da sich bei jeder kleinsten Augenbewegung ein neues Nachbild des Blitzes bildet, wiederholt sich der Vorgang laufend.

180 Schloßgespenst

In dieser Ruine geistert ein weißes Nachtgespenst! Willst du es sehen? Halte das Bild der schwarzen Figur rechts in normaler Leseentfernung vor deine Augen und blicke bei hellem Licht eine Minute lang starr auf ihren Mund. Schaust du gleich danach in das Tor der Schloßruine, erscheint dort nach etwa 10 Sekunden das Scheinbild eines weißen Gespenstes.

Beim Betrachten der Figur bleibt der von der schwarzen Fläche betroffene Teil der Netzhaut unbelichtet. Die übrigen Sehnerven werden vom hellen Papier geblendet und ermüden rasch. Blickst du nun in das Schloßtor, nehmen die ermüdeten Sehnerven das Weiß des Papiers nicht in voller Helligkeit wahr, sondern als graue Fläche. Die anderen dagegen empfinden den weißen Ton des Papiers um so strahlender. Dadurch entsteht die Vertauschung der Schwarz-Weißflächen, und du siehst ein weißes Gespenst im dunklen Torbogen. Erst nach einer ganzen Weile, wenn sich die Sehnerven einander angeglichen haben, verschwindet die Erscheinung.

Goldfisch im Aquarium 181

(siehe hinteren Buchdeckel)

Blicke bei hellem Licht eine Minute lang starr auf das Auge des weißen Fisches. Siehst du dann auf den Punkt im leeren Goldfischglas, erscheint darin nach einigen Sekunden leuchtend grünes Wasser und ein roter Fisch.

Wenn die Augen längere Zeit auf das linke Bild gestarrt haben, ermüdet der Teil der lichtempfindlichen Netzhaut, welcher von der roten Fläche bestrahlt wurde. Die betroffenen Sehnerven werden für Rot ziemlich unempfindlich. Beim Blick auf die weiße Fläche des rechten Bildes nehmen sie deshalb die roten Strahlen, welche im weißen Licht enthalten sind, nicht wahr. Sie empfinden nur noch seine gelben und blauen Bestandteile, die zusammen Grün ergeben. Der Netzhautteil aber, der das Bild des weißen Fisches aufgenommen hat, empfindet jetzt die dem Grün entgegengesetzte Farbe, nämlich Rot. Farbige Nachbilder lassen sich von anderen Farben genauso gut machen. Jede Farbe verwandelt sich jeweils in die gegensätzliche, d. h. Blau in Gelb, Gelb in Blau und Grün in Rot.

Verhextes Kaninchen 182

Betrachte das Bild in normaler Leseentfernung. Schließe dann das linke Auge und blicke mit dem rechten starr auf den Zauberstab. Wenn du nun den Abstand der Zeichnung langsam veränderst – simsalabim! – verschwindet plötzlich das Kaninchen.

Die Netzhaut unserer Augen besteht aus einer großen Zahl lichtempfindlicher Nervenendungen, der sogenannten Stäbchen und Zäpfchen. Diese fehlen an einer Stelle, und zwar dort, wo sie sich zum Sehnerv zusammenschließen. Wenn nun das auf die Netzhaut geworfene Bild des Kaninchens beim Bewegen auf diesen »blinden Fleck« fällt, können wir es nicht sehen.

183 Augenstäubchen

Stich mit einer Nadel in eine Karte ein feines Loch. Halte es dicht ans Auge und blicke hindurch. Bringst du eine Zeitung in unmittelbare Nähe, zeigt sich zur Überraschung die Schrift viel größer und klarer.
Die Erscheinung beruht in erster Linie auf der sogenannten Beugung des Lichtes. Die durch das kleine Loch einfallenden Lichtstrahlen werden in die Breite geleitet, und die Buchstaben erscheinen daher vergrößert. Die Bildschärfe kommt – ähnlich wie bei einem Fotoapparat – durch die Blendenwirkung der kleinen Öffnung zustande. Der Teil der Lichtstrahlen, der das Bild unklar machen würde, wird abgehalten.

184 Loch in der Hand

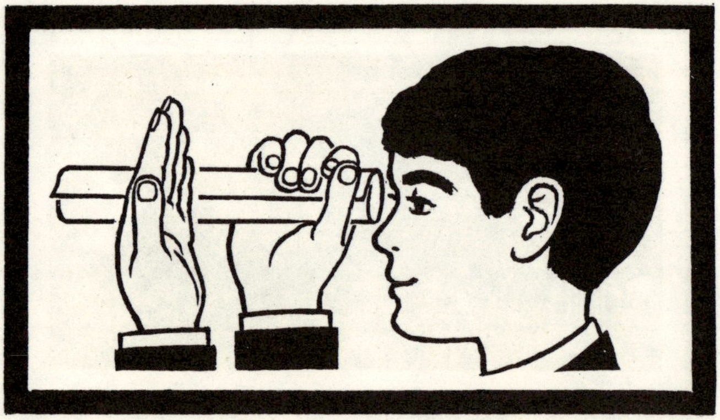

Rolle ein Stück Schreibpapier zu einer Röhre und gucke mit dem rechten Auge hindurch. Links neben die Papierröhre hältst du die geöffnete linke Hand. Zu deinem Erstaunen wirst du ein Loch entdecken, das scheinbar mitten durch die Handfläche führt. Kannst du dir denken, wie die Täuschung zustande kommt?
Das rechte Auge sieht das Innere der Röhre, das linke die flache Hand. Wie beim normalen Sehen werden die Eindrücke, die jedes Auge für sich wahrnimmt, im Gehirn zu einem plastischen Bild zusammengefügt. Es wirkt besonders echt, weil das Bild vom Innern der Röhre, das sich auf die Handfläche überträgt, perspektivisch ist.

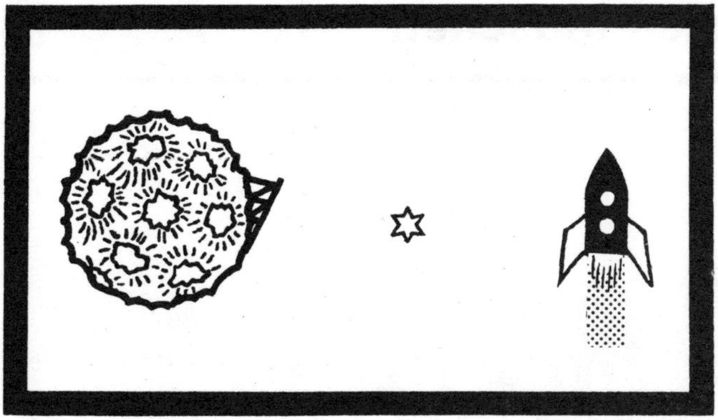

Mondrakete 185

Halte das Bild so, daß deine Nasenspitze den Stern berührt und drehe es langsam links herum. Die Rakete fliegt ins Weltall und landet wieder auf dem Mond.
Zuerst sieht das rechte Auge nur die Rakete und das linke nur den Mond. Wie beim normalen Sehen werden die beiden Bildeindrücke im Gehirn zusammengefügt, so daß die Rakete scheinbar auf der Abschußrampe liegt. Dreht man das Bild nach links, verfolgen beide Augen die Rakete in ihrer Bewegung über die Nase, bis die Bildhälften erneut zusammenrücken.

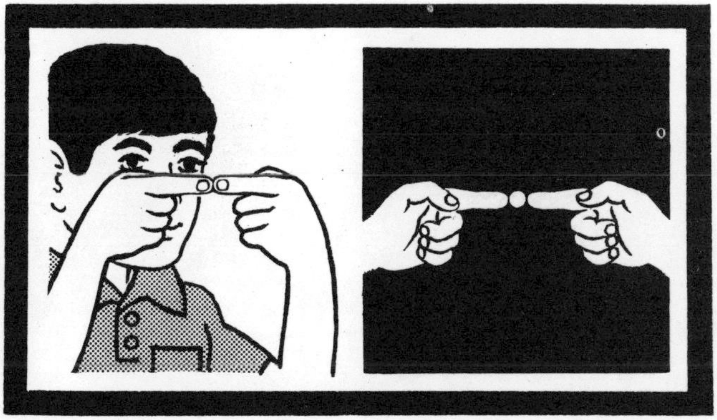

Geister-Ball 186

Halte deine Zeigefinger so, daß sie sich etwa 30 cm vor deiner Nasenspitze berühren, und blicke über die Fingerspitzen hinweg zur gegenüberliegenden Wand. Dabei wirst du ein seltsames Bällchen wahrnehmen, das scheinbar zwischen den Fingerspitzen klemmt.
Beim Blick über die Finger stellen sich die Augen scharf auf die Wand ein. Die Finger aber werden dabei so auf die Netzhaut projiziert, daß sich die beiden Bilder in unserem Gehirn nicht vereinen. Wir sehen die Spitzen beider Finger doppelt. Diese verbinden sich schließlich zu einem rundlichen oder länglichen Scheingebilde.

Unsere Sinne lassen sich täuschen

Zwei Nasenspitzen 187

Überkreuze Zeige- und Mittelfinger und reibe sie seitlich über die Nasenspitze. Zu deinem größten Erstaunen fühlst du zwei Nasen.
Durch die Überkreuzung wird die Lage der Fingerseiten vertauscht. Die normal einander abgewandten Seiten liegen jetzt nebeneinander und berühren gemeinsam die Nasenspitze. Jede für sich meldet wie gewohnt die Berührung mit der Nase an das Gehirn. Dieses wird getäuscht, da es die überkreuzte Lage der Finger nicht berücksichtigt.

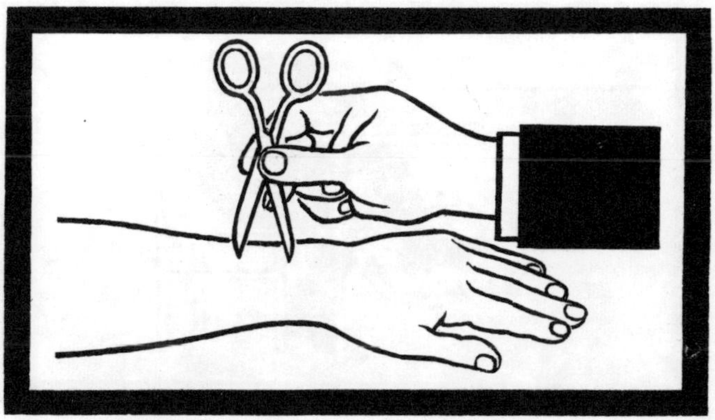

Tast-Test 188

Prüfe den Tastsinn eines Freundes, bitte ihn, die Augen zu schließen. Öffne eine Schere 3 cm weit und berühre mit beiden Spitzen gleichzeitig seinen Arm. Der Freund wird nur eine Scherenspitze fühlen. Wiederhole den Versuch auch an anderen Körperstellen.
Es zeigt sich, daß der Tastsinn des Menschen an den einzelnen Körperpartien verschieden gut ausgebildet ist. Auf dem Rücken sind die empfindlichen Nervenenden nicht so häufig wie z. B. im Gesicht. In der Hand und besonders an den Fingerspitzen sind sie in so großer Zahl, daß man beide Spitzen schon bei einer leicht geöffneten Schere deutlich wahrnimmt.

189 Schrecksekunde

Halte über die leicht geöffnete Faust deines Freundes einen Bleistift und bitte ihn, den fallenden Stift durch Schließen der Hand zu fangen. Es gelingt ihm nicht!
Wenn das Auge den Bleistift fallen sieht, gibt es zunächst ein Signal an das Gehirn. Von dort wird an die Hand der Befehl »greifen« weitergeleitet. Dabei geht natürlich Zeit verloren. Unternimmst du den Versuch selbst, muß er gelingen, da der Befehl zum Fallenlassen und Zugreifen gleichzeitig erfolgt. Die Zeit zwischen Erkennen und Reagieren nennt man Schrecksekunde. Für einen Autofahrer kann dieser Zeitverlust in einer gefährlichen Situation schon den Tod bedeuten.

190 Verwirrte Schrift

Wetten, daß du deinen Namen nicht schreiben kannst, wenn du gleichzeitig mit einem Bein kreisförmige Bewegungen ausführst? Mehr als ein unleserliches Gekritzel kommt dabei nicht heraus.
Es gelingt dir wohl, die kreisförmigen Beinbewegungen in gleicher Richtung mitzuzeichnen. Sobald du jedoch die Kreise anders herum ziehst, geraten die Bewegungen gänzlich durcheinander. So kommt es, daß sich die Beinbewegungen in die Schrift einmogeln. Jede Tätigkeit erfordert soviel Konzentration, daß beide gleichzeitig nicht auszuführen sind. Ähnlich wird übrigens deine Konzentration beeinträchtigt, wenn du bei Musik Schularbeiten machst.

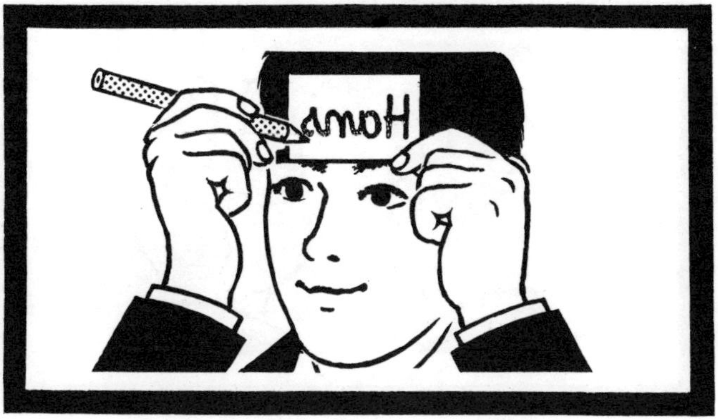

Schreibfehler 191

Halte eine Karte vor deine Stirn und versuche, deinen Namen zu schreiben. Du wirst dich wundern, was dabei herauskommt. Der Name steht in Spiegelschrift.
Aus reiner Gewohnheit hast du wie sonst beim Schreiben links begonnen und rechts aufgehört. Das war dein Fehler! Denn du hättest daran denken müssen, daß die Schrift seitenverkehrt wird.

Großer Schwindel 192

Fasse eine auf dem Fußboden stehende Flasche und laufe dreimal um sie herum. Versuchst du dann, geradeaus auf ein Ziel zuzugehen, verfehlst du es garantiert.
Es ist das Gleichgewichtsorgan in deinen Innenohren, das dir einen Streich spielt. In ihm kommt beim Drehen des Kopfes eine Flüssigkeit in Bewegung. Kleine Härchen werden dadurch gekrümmt und melden den Vorgang an das Gehirn. Dieses sorgt dafür, daß du geeignete Gegenbewegungen machst. Drehst du dich jedoch ganz schnell und hörst du plötzlich damit auf, bleibt die Flüssigkeit noch weiter in Bewegung. Das Gehirn reagiert so, als ob du dich noch weiter drehst, und du läufst im Bogen.

193 Wie schwer ist ein Pfennig?

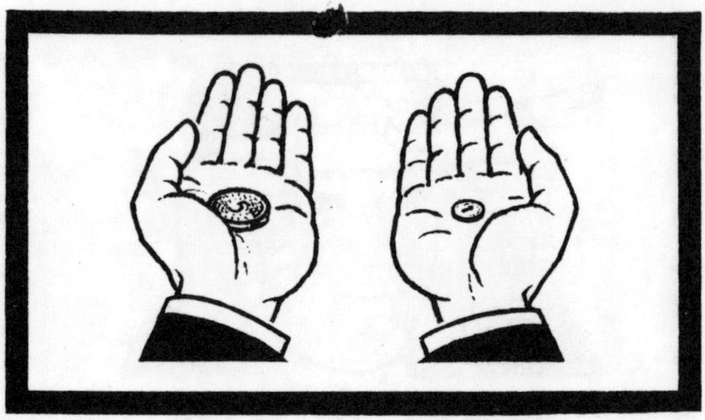

Wieviel Pfennigstücke sind nötig, um das Gewicht eines Fünf-Mark-Stückes aufzuwiegen, 10, 20 oder 50? Du hast dich ganz bestimmt verschätzt!
Weil das Fünf-Mark-Stück in unserem Bewußtsein eine sehr schwere und dicke Münze ist, das Pfennigstück aber etwas ganz Winziges verkörpert, täuscht man sich. Wiege die Geldstücke auf einer Waage ab. Man braucht wirklich nur 5 Pfennigstücke, um das Gewicht eines Fünf-Mark-Stückes zu erreichen.

194 Magische Schneckenlinie

Betrachte dieses Bild genau. Du wirst wohl sicher sein, daß hier eine Spirale dargestellt ist.
Die Nachprüfung mit einem Zirkel ergibt jedoch, daß es sich hier um konzentrische Kreise handelt. Durch die spezielle Art des Untergrundes verschieben sich die einzelnen Kreisteilchen scheinbar spiralförmig zur Bildmitte.

Wie dick sind die Münzen? 195

Wetten, daß du dich gleich noch einmal verschätzt? Du kannst das Experiment mit jedem deiner Freunde ausführen, immer wieder zeigt es sich, daß wir uns in den Maßen des Geldes verschätzen. Lege in Gedanken zehn Groschenstücke zu einem Stapel übereinander. Entspricht seine Höhe dem Durchmesser eines der abgebildeten Geldstücke? Überlege, um welches es sich handeln könnte.
Du hast dich bestimmt verschätzt, denn in deiner Vorstellung sind die Groschenstücke dicker als in Wirklichkeit. Selbst wenn du den Stapel der zehn Münzen aufrichtest, verschätzt du dich noch. Er ist nicht höher als der Durchmesser eines Pfennigs!

Verrückte Buchstaben 196

Auf kariertem Stoff ist mit Garn, das aus einem schwarzen und einem weißen Faden gedreht ist, ein Name gestickt. Zweifelst du daran, daß die Buchstaben schief stehen? Das Lineal beweist es, die Buchstaben stehen gerade. Durch die schrägen Balken des Untergrundes und den gedrehten Faden erfahren die Umrisse der Buchstaben eine unser Auge irreleitende Verschiebung.

197 Entfernungsmessen

Zeichne auf ein Blatt Papier einen Punkt und lege es vor dir auf den Tisch. Versuche nun, mit einem Bleistift in der Hand den Punkt zu treffen. Es wird dir leicht gelingen. Schließt du jedoch ein Auge, verfehlst du fast immer das Ziel.
Mit einem Auge läßt sich eine Entfernung nur schwer abschätzen, weil man erst mit zwei Augen plastisch sehen und die Tiefe eines Raumes erkennen kann. Jedes Auge für sich fixiert den Punkt aus einem anderen Winkel (beachte, wie sich die Winkel verändern, wenn du dich dem Punkt näherst). Aus der Größe dieser Winkel kann dann das Gehirn ziemlich genau die Entfernung zum Punkt bestimmen.

198 Irritierende Kreise

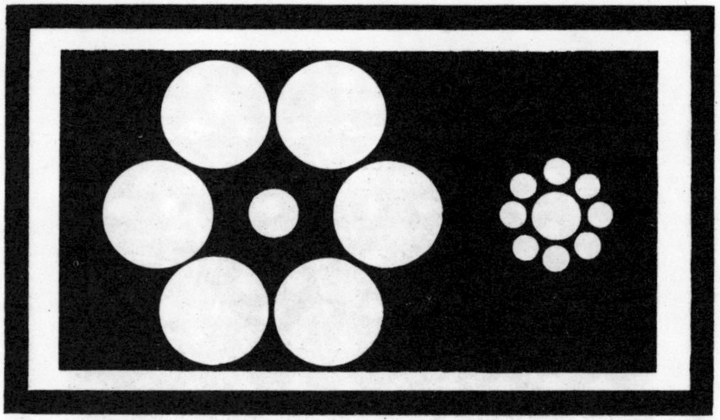

Sieh dir diese beiden Figuren an. Welcher der beiden Kreise im Mittelpunkt der Figuren ist größer?
Beide Kreise sind gleich groß! Im Unterbewußtsein vergleichen wir nicht nur die Mittelkreise miteinander, sondern auch diese mit den sie umgebenden Kreisen. Dadurch entsteht der Eindruck, daß der Mittelkreis der rechten Figur größer ist.
Einer ähnlichen optischen Täuschung unterliegen wir u. a. beim Betrachten des Mondes. Steht er dicht über dem Horizont, vergleichen wir ihn mit Häusern und Bäumen. Er erscheint dann größer, als wenn er hoch am Himmel steht.

Seltsamer Zahlteller 199

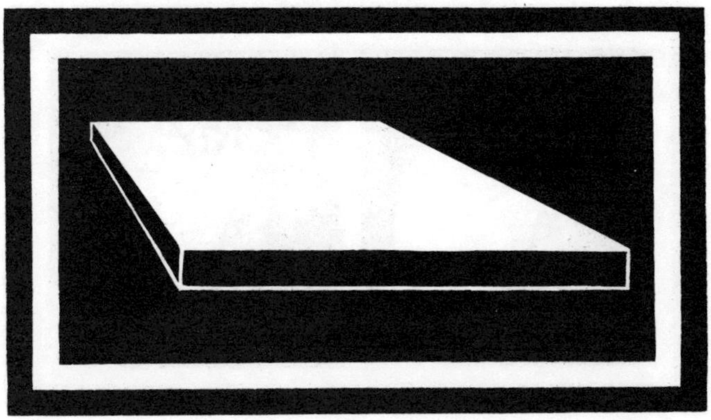

Stelle dir die verschiedenen Größen unserer Geldstücke vor und lege sie in Gedanken so auf die weiße Fläche, daß ihre Kanten nicht berührt werden. Welches ist der größte Geldbetrag in Münzen, den man nebeneinander auf diese Platte legen kann?
Die Platte erscheint uns durch die perspektivische Darstellung weitaus größer, als sie tatsächlich ist. Die Täuschung wird dadurch erhöht, daß das von der weißen Fläche reflektierte Licht noch einen Teil der Netzhaut überstrahlt, die das Bild der schwarzen Fläche aufnimmt. Du hast dich also bestimmt verschätzt, der Geldbetrag ist gleich Null. Selbst ein Pfennig ist schon zu groß!

Das laufende Grammophon 200

(siehe auch Buchdeckel)

Bewegst du das Grammophon vor den Augen in kreisenden Bewegungen, scheint sich die Schallplatte zu drehen.
Die Scheibenbewegung hat mannigfaltige Ursachen. Der bei der Bewegung des Bildes ständig wechselnde Lichteinfall und Betrachtungswinkel erzeugen in unserem Auge wandernde, dunkle und helle Zonen, die scheinbar quer über die Platte ziehen. Das Auge kann so schnell nicht folgen und sieht normale Plattenumdrehungen.

201 Geldbetrug

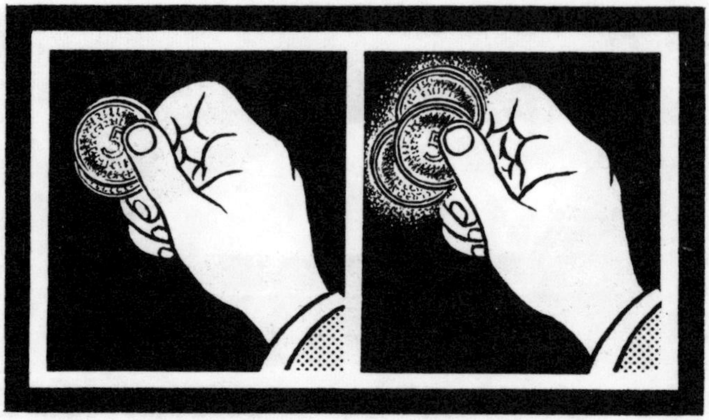

Halte zwei Fünfmarkstücke zwischen Daumen und Zeigefinger und reibe sie ganz schnell aneinander. Schaust du genau hin, entdeckst du noch ein drittes Geldstück, das sich scheinbar zwischen den beiden anderen hin und her bewegt. Was verursacht diese verblüffende Täuschung?
Unsere Augen reagieren zu langsam, sie können dem schnellen Auf und Ab der Münzen nicht folgen. Jedesmal bleibt das Bild der Geldstücke noch eine kleine Weile auf der Netzhaut stehen, obwohl sie bereits fortbewegt worden sind. Wir sehen also beide Münzen in Bewegung und as Nachbild einer Münze zusätzlich.

202 Wackelpudding

(siehe hinteren Buchdeckel)

Halte das farbige Bild mit dem Pudding – am besten bei schummrigem Lampenlicht – in normaler Leseentfernung vor die Augen und bewege es seitlich hin und her. Der Pudding scheint zu wackeln und beinahe über den Teller zu schwappen.
Das Wackeln entsteht dadurch, daß Eindrücke von warmen Farben (z. B. Rot und Braun) länger auf der Netzhaut unserer Augen bleiben als von kalten (wie Blau und Grün). Bewegt man das Bild, gehen Hintergrund und Teller normal mit. Der Pudding folgt der Bewegung aber erst eine kleine Weile später. Ein echter Pudding verhält sich beim Hin- und Herbewegen infolge seiner Trägheit ganz ähnlich, daher der verblüffende Effekt.

Filmtricks 203

Stehst du einmal vor einem hohen Turm und betrachtest die über ihn in Blickrichtung dahinziehenden Wolken, entsteht der Eindruck, der Turm kippe auf dich herab.
Man sieht den Turm nicht in Verbindung mit dem Erdboden, sondern wie einen frei schwebenden Gegenstand. Das Auge kann nicht unterscheiden, ob sich die Wolken bewegen oder der Turm. Der gleichen Täuschung unterliegen wir, wenn wir in der Eisenbahn zu fahren glauben, während sich in Wirklichkeit der Zug auf dem Nebengleis bewegt. Bei Trickaufnahmen im Film rollt oft das Bild einer Landschaft hinter einer feststehenden Figur ab, und man glaubt hinterher im Kino, daß sich die Figur bewege.

Lebende Bilder 204

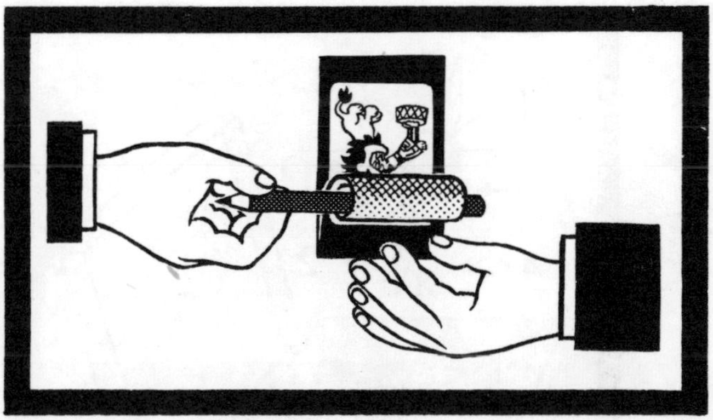

Schneide die beiden Bildstreifen auf der übernächsten Seite oben aus und klebe sie – Teil 1 auf Teil 2 – am oberen Rand zusammen. Rolle das obere Blatt ein und bewege es mit einem Bleistift auf und ab. Es entsteht der Eindruck, als ob sich die Figuren bewegen. Die von unserem Auge empfangenen Bildeindrücke fließen im Gehirn ineinander über und schaffen den Eindruck einer Bewegung. Dieser »kinematografische Effekt« erscheint hier sehr ruckartig, weil er nur von zwei Bildern erzeugt wird. Beim normalen Film rollen in der Sekunde 24, beim Fernsehen sogar 25 Bilder ab, und wir sehen eine Bewegung glatt und flimmerfrei.

205 Kintopp aus der Zigarettenschachtel

Klebe einen Bilderstreifen der nächsten Seite auf Zeichenpapier, trenne die acht Bildchen und stecke sie in der richtigen Reihenfolge in eine eingekerbte $1\frac{1}{2}$ cm starke Korkscheibe. Schneide die Seitenwand einer Zigaretten-Klappschachtel 3 cm weit auf und klebe 2 cm davon rechtwinklig nach innen. Tusche die Innenseite der Schachtel schwarz an und loche Boden und Deckel im Mittelpunkt. Aus einer ausgedienten Kugelschreibermine biegst du die Kurbel. Diese führst du in die Schachtel ein und steckst auf ihr den vorher durchbohrten Korken fest. Drehst du die Kurbel rechts herum, bewegen sich die Figuren.
Beim Kurbeln wird jedes Bildchen einen Moment dem Auge dargeboten und sofort durch ein anderes ersetzt. Da unser Auge träge ist, wirkt jedes Bild noch eine Weile nach, wenn es schon verschwunden ist. Beim Abschnurren der Bilderfolge verschmelzen die Einzelbilder ineinander zu einer scheinbaren Bewegung. Diese Entdeckung wurde um das Jahr 1830 gemacht, und heute arbeitet der modernste Vorführapparat im Filmtheater nach dem gleichen Prinzip wie dein Taschenkino.

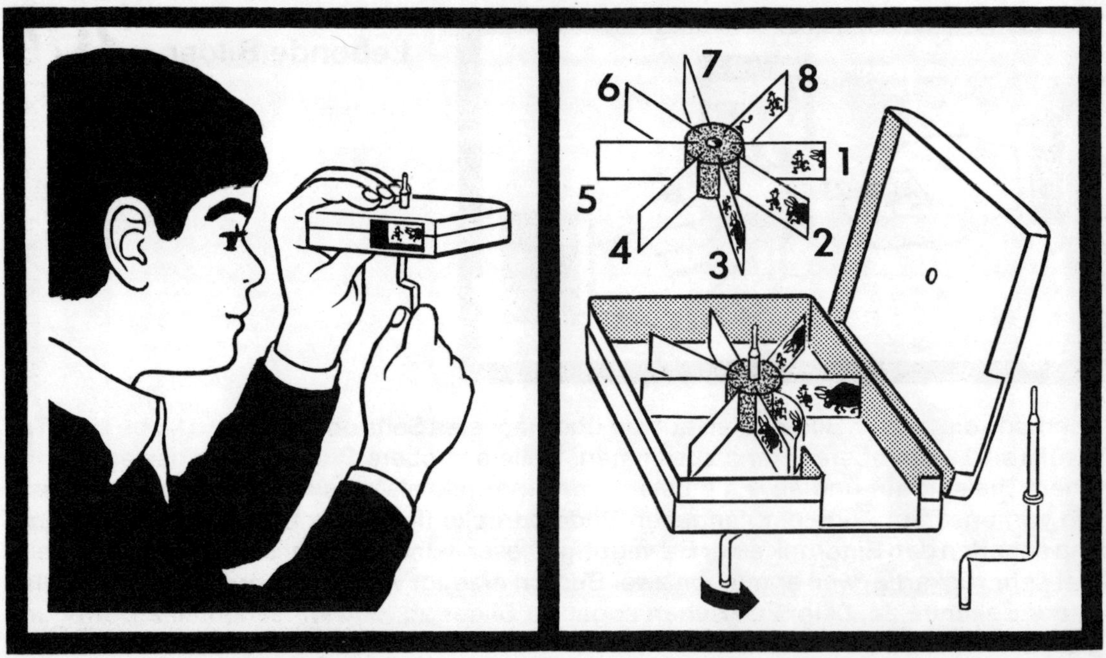

Ravensburger Kinder- und Jugendsachbücher

Mein erstes Technikbuch
von Joe Kaufman

Von Autos, Schiffen, Flugzeugen und von vielen Maschinen, die uns umgeben. – Junge Leser finden in diesem Buch eine erste Einführung in die Grundlagen technischer Vorgänge, die auch den Eltern viel Spaß machen wird. Über 120 humorvolle Zeichnungen (sämtlich vierfarbig) und einfache Texte zeigen und beschreiben, wie all das funktioniert, was an technischen Geräten im Haushalt, auf der Straße, in der Luft und auf See zu sehen ist. Auch etwas schwierigere Fragen, etwas über Magnetismus, Schallwellen, Radar, werden gestellt und in verständlicher Weise beantwortet.
Ab 6 Jahren.

Reihe »Bausteine des Wissens«
Der zweite erfolgreiche Band

Der Natur auf der Spur
von Hans Jürgen Press

Beobachtungen in der Natur. Beschäftigungen mit Tier und Pflanze. Über 200 Beispiele zeigen, wie man zu allen Jahreszeiten auf Entdeckungsreise gehen kann. Als Ausrüstung für die Untersuchungen an Tieren, Pflanzen und Steinen benötigt man nicht viel mehr als ein Küchensieb, ein Taschenmesser, Lupe und Pinzette.

Ravensburger Taschenbücher
Sonderreihe Farbiges Wissen

Für Jungen und Mädchen ab 9 Jahren.
Sachinformationen über naturkundliches und technisches Wissen – nicht lehrhaft trocken, sondern interessant und spannend.
Durchgehend vierfarbig illustriert.

Watson, Dinosaurier
Wyler/Ames, Vulkane und Erdbeben
Fichter, Fliegende Tiere
Parker, Naturkräfte und technische Leistungen
Knox Evans, Archäologie
Lehr, Stürme
Fichter, Reptilien
Wyler/Ames, Der Weltraum und seine Erforschung
Knox Evans, Steine und Steinsammlungen
Parker, Leben in der Natur
Martin, Tierwanderungen
Spraghe de Camp, Motoren